Königs Erläuterungen und Materialien
Band 16

Erläuterungen zu

Gotthold Ephraim Lessing

Emilia Galotti

von Rüdiger Bernhardt

Über den Autor dieser Erläuterung:

Prof. Dr. sc. phil. Rüdiger Bernhardt lehrte neuere und neueste deutsche sowie skandinavische Literatur an Universitäten des In- und Auslandes. Er veröffentlichte u.a. Monografien zu Henrik Ibsen, Gerhart Hauptmann, August Strindberg, gab die Werke Ibsens, Peter Hilles, Hermann Conradis und anderer sowie zahlreiche Schulbücher heraus. Seit 1994 ist er Vorsitzender der Gerhart-Hauptmann-Stiftung Kloster auf Hiddensee.

Das Werk und seine Teile sind urheberrechtlich geschützt. Jede Verwertung in anderen als den gesetzlich zugelassenen Fällen bedarf der vorherigen schriftlichen Einwilligung des Verlages. Hinweis zu § 52 a UrhG: Weder das Werk noch seine Teile dürfen ohne eine solche Einwilligung eingescannt oder gespeichert und in ein Netzwerk eingestellt werden. Dies gilt auch für Intranets von Schulen und sonstigen Bildungseinrichtungen.

4. Auflage 2005
ISBN 10: 3-8044-1718-3
ISBN 13: 978-3-8044-1718-2
© 2002 by C. Bange Verlag, 96142 Hollfeld
Alle Rechte vorbehalten!
Titelabbildung: G. E. Lessing
Druck und Weiterverarbeitung: Tiskárna Akcent, Vimperk

Inhalt

Vorwort 5

1. G. E. Lessing: Leben und Werk 7
1.1 Biografie 7
1.2 Zeitgeschichtlicher Hintergrund 14
1.3 Angaben und Erläuterungen zu
 wesentlichen Werken 19

2. Textanalyse und -interpretation 21
2.1 Entstehung und Quellen 21
2.2 Inhaltsangabe 30
2.3 Aufbau 38
2.4 Personenkonstellation und Charakteristiken 45
2.5 Sachliche und sprachliche Erläuterungen 54
2.6 Stil und Sprache 73
2.7 Interpretationsansätze 76

3. Themen und Aufgaben 84

4. Rezeptionsgeschichte 88

5. Materialien 100

Literatur 105

Vorwort

Der berühmte Philosoph Arthur Schopenhauer (1788–1860) fand das Ende der *Emilia Galotti* – ein Vater ersticht seine Tochter auf deren Wunsch – empörend, es schicke den Zuschauer völlig verstimmt nach Hause.* In der Literaturgeschichte ist der Platz eindeutig, den das Stück einnimmt: Der einst ebenso berühmte Philosoph Kuno Fischer (1824–1907) sah in seinem Erscheinen „die **Geburt der modernen deutschen Tragödie**"[1] und für Wilhelm Dilthey (1833–1911), einen Schüler Fischers, war *Emilia Galotti* das „erste echt politische Stück" seit Gryphius.[2] Der marxistische Literaturkritiker Franz Mehring (1846–1919) sah wie die Vorigen, dass sich in dem Stück „das Schicksal des damaligen Bürgertums" spiegele, aber die, für die es gedichtet wurde, hätten es „nie verstanden"[3].

Mit Lessings *Emilia Galotti* betrat **das bürgerliche Trauerspiel** endgültig die deutsche Bühne; Lessing bezeichnete das Stück allerdings nur als „Trauerspiel". Größe des moralischen Anspruchs innerhalb des aufklärerischen Denkens und die Grenzen einer politischen Wirksamkeit in Deutschland bestimmten dieses Stück wie kaum ein anderes. Am schärfsten formulierte es Heinrich Mann: „So sahen die bürgerlichen Trauerspiele im Leben aus."[4]

Emilia Galotti wurde 1772 in einer Zeit des Umbruchs uraufgeführt. Die französischen Enzyklopädisten, von denen Lessing

---

* Vgl. dazu: Ralph Wiener: *Der lachende Schopenhauer.* Leipzig: Militzke, 1996, S. 98

1 Kuno Fischer: *G. E. Lessing als Reformator der deutschen Literatur.* Erster Teil. Stuttgart: J. G. Cottasche Buchhandlung, 1881, S. 186
2 Wilhelm Dilthey: *Das Erlebnis und die Dichtung.* Leipzig und Berlin: B. G. Teubner, 11. Auflage 1939, S. 76 f.
3 Franz Mehring: *Lessings Emilia Galotti.* In: Gesammelte Schriften. Hrsg. von Thomas Höhle u. a., Band 9, Berlin: Dietz, 1963, S. 408 f.
4 Heinrich Mann: *Lessing.* In: Das öffentliche Leben. Berlin, Wien und Leipzig 1932, S. 19

Vorwort

besonders Voltaire kannte und seine Werke übersetzte, schufen eine **philosophische Orientierung für die Revolution von 1789**. Die ökonomischen Grundlagen hatten sich verändert: Überall setzte sich die kapitalistische Produktionsweise als modernste und fortgeschrittenste durch.

Lessings *Emilia Galotti* bedeutete einen Neuansatz: Mit *Minna von Barnhelm* (1767) war die Reform des Lustspiels gelungen, mit *Miss Sara Sampson* (1755) und der *Hamburgischen Dramaturgie* (besonders dem 14. Stück 1767) war die Reform des Trauerspiels betrieben worden. Begleitet und abgeschlossen wurde sie mit *Emilia Galotti*.

Diese Einführung zeigt einen Weg, das Werk in seiner Struktur und auf seinem historischen Hintergrund zu verstehen. Sachinformation und ein vereinfachter textnaher Kommentar, der auf **Grundsätzliches** Wert legt und dadurch auch neue Ansätze des Verständnisses einbringt, charakterisieren die Darstellung. Sie erklärt, wie die Tragödie zu einem spezifischen Beitrag in der Gattungsentwicklung geworden ist.

Textgrundlage ist die Ausgabe der *Emilia Galotti* des Bange Verlages, Königs Lektüren Bd. 3004, Hollfeld ²2000.

1. G. E. Lessing: Leben und Werk

1.1 Biografie

Jahr	Ort	Ereignis	Alter
1729	Kamenz (Sachsen, Lausitz)	22. Januar: Gotthold Ephraim Lessing als Sohn des Pastors primarius Johann Gottfried Lessing und der Pfarrerstochter Justina Salome geb. Feller geboren. – Erster Unterricht bei Vater und Verwandten und Besuch der Latein-Schule seit 1737.	8
1741	Meißen	22. Juni: Freistelle in der Fürstenschule St. Afra.	12
1746	Meißen	Wegen außerordentlicher Leistungen und auf mehrfaches Ersuchen des Vaters, da sonst ein Universitätsstipendium verfällt, am 30. Juni vorfristiger Abschluss mit der Disputation *Über die Mathematik der Barbaren (De mathematica barbarorum)*.	17
1746 – 1748	Leipzig	Immatrikulation an der theologischen Fakultät der sächsischen Landesuniversität. Bald verlagern sich seine Interessen, bestärkt durch Christlob Mylius und Christian Felix Weiße, auf die Philosophie, das litera-	19

1.1 Biografie

Jahr	Ort	Ereignis	Alter
		rische Leben und die Schauspieltruppe der Neuberin. Muss nach einer finanziellen Bürgschaft für Schauspieler der Neuberin, die seinen *Jungen Gelehrten* 1748 erfolgreich uraufführte, fliehen.	
1748	Wittenberg	Kurzes Medizinstudium, er geht nach Berlin, beginnt das Leben eines freien Schriftstellers.	19
1748 – 1751	Berlin	Für die *Berlinische Privilegierte Zeitung* (später *Vossische Zeitung*) Kritiken. Übersetzungen und eigene Schriften.	22
1752	Wittenberg	Schließt seine Studien ab, wird am 29. April mit einer Arbeit über Juan Huarte zum Magister der freien Künste promoviert. Lessing übersetzte dazu eine Schrift des materialistisch orientierten spanischen Arztes und Philosophen aus dem 16. Jahrhundert.	
1752 – 1755	Berlin	Freundschaften: Christoph Friedrich Nicolai, Moses Mendelssohn, Ewald von Kleist u. a.	26
1753		Lessings *Schriften* in sechs Bänden beginnen zu erscheinen.	

1.1 Biografie

Jahr	Ort	Ereignis	Alter
1755	Potsdam	Schreibt *Miss Sara Sampson*. Das Stück wird am 10. Juli in Frankfurt/O. uraufgeführt. Im Oktober geht er nach Leipzig zurück.	26
1755–1758	Leipzig	Hauptaufenthaltsort. Begleiter auf einer Bildungsreise, Besuch norddeutscher und holländischer Städte und Museen.	29
1756		Besuche in Dresden, bei Gleim in Halberstadt, Klopstock in Hamburg, großer Eindruck durch Schauspieler Ekhof.	27
1756	Amsterdam	Bildungsreise mit einem jungen Kaufmannssohn wird, als der Siebenjährige Krieg beginnt, abgebrochen.	
1758–1760	Berlin	Es gelingt nicht, eine feste Anstellung zu finden. Er beginnt seine Auseinandersetzung mit dem poetischen Regelwerk Gottscheds (*Briefe, die neueste Literatur betreffend*). Beginn mit den Vorarbeiten für ein deutsches Wörterbuch und *Faust*.	29
1760	Berlin	Wahl zum auswärtigen Mitglied der Königlichen Akademie der Wissenschaften.	31
1760–1765	Breslau	Gouvernementssekretär des preußischen Generals von Tauent-	36

1.1 Biografie

Jahr	Ort	Ereignis	Alter
		zien (1710–1791), dem Kommandanten von Breslau, späteren Gouverneur von Schlesien. Als Schriftsteller schweigt er, arbeitet aber über Sophokles und am *Laokoon*-Thema.	
1764		beschließt Lessing, erneut als unabhängiger Schriftsteller zu leben und sich nicht „zum Sklaven zu machen"[5].	
1765– 1767	Berlin	Er veröffentlicht zur Ostermesse 1766 *Laokoon*, 1767 *Minna von Barnhelm*. Reisen nach Bad Pyrmont, Göttingen und Kassel. Bekanntschaft mit Justus Möser.	38
1767– 1770	Hamburg	Dramaturg und Kritiker des neu gegründeten *Nationaltheaters*. *Hamburgische Dramaturgie*. Erneute Begegnung mit Klopstock. Der Versuch, durch die Gründung einer Druckerei unabhängig vom scheiternden Nationaltheater zu werden, misslingt. Plan nach Italien zu gehen. Herbst 1769: Angebot aus Braunschweig. Verkehrt in den Familien Reimarus und König.	41

---

5 Brief an Johann Gottfried Lessing vom 13. Juni 1764. In: Werke 1957, 9. Band, S. 231

1.1 Biografie

Jahr	Ort	Ereignis	Alter
1770–1781	Wolfenbüttel	Ab Mai: Hofbibliothekar des Herzogs von Braunschweig; die erfolgreichste Zeit seines Lebens, auch wenn er nur kargen Lohn erhält. Seine finanzielle Situation ist aber einigermaßen sicher. Er wird 1776 zum Hofrat ernannt. Versuche, Wolfenbüttel zu verlassen, misslingen. Plan, das Mannheimer Theater zu übernehmen, scheitert.	52
1770		trifft er Herder zweimal.	
1772	Braunschweig	**13. März: Uraufführung des Trauerspiels *Emilia Galotti* an**lässlich des 72. Geburtstags der Herzogin Charlotte Philippine von Braunschweig, der Frau des regierenden Herzogs Karl I. und Schwester Friedrichs II. von Preußen. **Es war im Winter 1771/72 auf der Grundlage mehrerer früherer Versuche und literarischer Beispiele entstanden.**	
1775–1776	Reise	Leipzig, Berlin, Dresden und Prag bis nach Wien. In Wien Audienz bei Kaiser Joseph II. und Treffen mit Eva König. Weiterreise als Begleiter des Braun-	46

1.1 Biografie

Jahr	Ort	Ereignis	Alter
		schweiger Prinzen Leopold nach Italien (u. a. Venedig, Florenz, Rom, Neapel).	
1776	Jork im Alten Lande	8. Oktober: Heirat mit Eva König, der Witwe eines Freundes, die dieser ihm samt der vier Kinder anvertraut hatte. Mit Eva König seit 1771 verlobt.	47
1778	Wolfenbüttel	10. Januar: Eva Lessing stirbt am Kindbettfieber, nachdem beider Sohn Traugott bereits einen Tag nach seiner Geburt (24. 12. 1778) verstorben war. *Anti-Goeze*: Im August entzieht der Herzog Lessing die Zensurfreiheit im Religionsstreit mit den orthodoxen Lutheranern.	
1779		*Nathan der Weise*, uraufgeführt erst 1783, im Ergebnis einer seit 1774 dauernden religionskritischen Debatte, die ihren Höhepunkt 1778 in der Auseinandersetzung mit dem Hamburger Hauptpastor Goeze fand und die auch zu zahlreichen Streitschriften geführt hatte.	50
1780		Anonym: Lessings bedeutende Schrift: *Die Erziehung des Menschengeschlechts*, lernt im Som-	51

1.1 Biografie

Jahr	Ort	Ereignis	Alter
		mer durch Friedrich Heinrich Jacobi Goethes *Prometheus* kennen und löst mit seinem Bekenntnis zum Pantheismus die „Spinozadebatte" aus. Er besucht noch einmal Hamburg, trifft dort Elise Reimarus, und reist zu Gleim nach Halberstadt.	
1781	Braunschweig	15. Februar: Tod Lessings nach einem zweiwöchigen Krankenlager. Am Morgen seines Todestages empfing er noch den Dichter Johann Anton Leisewitz, der auch am Begräbnis teilnahm. Lessing wurde auf dem Magnifriedhof in Braunschweig begraben.	52

1.2 Zeitgeschichtlicher Hintergrund

Lessing war der Dichter des aufstrebenden Bürgertums. Durch ihn entstand das bürgerliche Trauerspiel in Deutschland. Das bürgerliche Trauerspiel verlangte nach **entsprechenden Helden**; Lessing beschäftigte sich mit Spartacus, Virginia, Faust und Samuel Henzi (1701–1749).

Das bürgerliche Trauerspiel

Mit *Samuel Henzi* hatte Lessing einen Stoff aus der Gegenwart gewählt, in der auch der historische Hintergrund der *Emilia Galotti* angesiedelt ist: Das regierende Haus Gonzaga-Guastalla war 1746 ausgestorben. Beziehungen zwischen beiden Stücken, die sie als bürgerliche Trauerspiele ausweisen, sind vorhanden. Henzis Vorhaben, die Herrschaftsform zu verändern, setzt voraus, dass das Volk zuvor lernt, was **Tugend**, aber auch **Pflicht** bedeuten. Lessings Henzi ist bereit zu **Gewalt**, wie auch Lessings *Spartacus*. Beide Stücke blieben nicht zufällig Fragment. Wenn Lessing im späteren Trauerspiel *Emilia Galotti* eine Veränderung der Herrschaftsform ausklammert und ausschließlich der Tugend Aufmerksamkeit schenkt, ist das ein Hinweis darauf, dass dieser Lernvorgang nicht vorangekommen war. *Samuel Henzi* ist **Lessings kühnster Entwurf eines bürgerlichen Trauerspiels**. Aber das Thema fand keine hoffnungsvolle Entsprechung in der deutschen Wirklichkeit.

Für Lessing entstand der besondere Glücksumstand, dass er durch seine Arbeit an der *Hamburgischen Dramaturgie* und seine Tätigkeit als Rezensent einen umfassenden Einblick in die dramatische Produktion seiner Zeit, das europäische Ausland inbegriffen, hatte. Für das Verständnis des bürgerlichen Trauerspiels *Emilia Galotti* ist deshalb nicht nur der Verweis auf Lessings *Miss Sara Sampson* wichtig, sondern auch

Einblick in die dramatische Produktion seiner Zeit

1.2 Zeitgeschichtlicher Hintergrund

der Verweis auf Patzke, Lillo und andere (s. S. 24). Lessing hatte in seiner *Hamburgischen Dramaturgie* entschieden und mehrfach darauf hingewiesen, dass der Schriftsteller sich auch in der Weltliteratur umzusehen habe.

Gotthold Ephraim Lessing wurde am 22. Januar 1729 als erstes von zwölf Geschwistern in der Kleinstadt Kamenz in der sächsischen Lausitz geboren. Das Geburtshaus war das Haus des Archidiakonats (Verwaltungseinrichtung zumeist eines Zweitpfarrers); es brannte 1842 ab, eine Gedenktafel bezeichnet heute den Ort. Sein Vater Johann Gottfried Lessing war Pfarrer und wurde 1733 Pastor primarius der Stadt. Auch als theologischer Schriftsteller und Übersetzer wirkte er; von hier aus kamen Anregungen für den Sohn. Die Mutter Justina Salome Lessing, geborene Feller, stammte ebenfalls aus einem Pastorenhause. Einige Vorfahren waren Stadtrichter und Ratsherren. Lessing erhielt 1741 in der Fürstenschule St. Afra in Meißen, die 1543 vom Kurfürsten Moritz gegründet worden war, einen Freiplatz. Vor Lessing hatten schon die Dichter der Aufklärung Gottlieb Wilhelm Rabener (1728–34) und Christian Fürchtegott Gellert (1729–34) die Schule besucht.

Lessings Hauptinteresse während des Studium in Leipzig galt dem Theater. Es war die **Zeit der Neuberin** (Friederike Caroline Neuber geb. Weißenborn 1697–1760), die 1744 nach Leipzig zurückgekehrt war und ihre letzten Inszenierungen vorstellte, ehe sie 1750 aus Leipzig vertrieben wurde. Lessings erstes dramatisches Werk *Der junge Gelehrte* führten die *Privilegierten Dresdner Hofkomödianten* der Neuberin im Januar 1748 auf. Der Erfolg beflügelte Lessing und er schrieb ähnliche Stücke, darunter *Der Misogyn*.

Lessing trug vor allem mit der Entwicklung eines bürgerlichen Trauerspiels, von dem in Gottscheds Regel-

> Entwicklung eines bürgerlichen Trauerspiels

1.2 Zeitgeschichtlicher Hintergrund

werk von einer *Critischen Dichtkunst* (1730) noch keine Rede war, zu der aufklärerischen Entwicklung bei. In ihm sollten bürgerliche Helden nach ihren Vorstellungen agieren, nicht höfisches Geschehen oder weit zurückliegende Ereignisse die Handlung bestimmen. **„Bürgerlich"** bedeutete **keine soziale Kategorisierung**, sondern hieß „privat" und „häuslich", nicht in die Stände eingebunden und aufklärerisch **„allgemeinmenschlich"**. Formal verband sich das mit der Aufgabe des Alexandriners[6] als Versmaß, das er in *Samuel Henzi* noch verwendet hatte. Prosa trat an seine Stelle, später *(Nathan)* der Blankvers.

Lessings Zeit in Hamburg, bezieht man sie auf *Emilia Galotti*, brachte endgültige Klarheit, was das bürgerliche Trauerspiel ist und wie es geschrieben werden müsste. Aus dem zweimal wöchentlich erscheinenden Register aller aufzuführenden Stücke entstand die *Hamburgische Dramaturgie* – das erste deutsche Beispiel für Theaterkritik und für alle späteren dramaturgischen Überlegungen ein grundlegendes Werk – während das Nationaltheater nach kurzer Zeit scheiterte. Im 14. Stück ging er ausführlich auf das bürgerliche Trauerspiel ein.

Der Hof von Guastalla in Lessings *Emilia Galotti* war kein Abbild des Braunschweiger Hofes, es gab in Deutschland an allen Höfen ähnliche Verhältnisse. Die Situation deutscher Untertanen war misslich. Teuerung und Hungersnot herrschten. Zeitgenossen empfanden Deutschland als einen großen Park, „worin alles, was Jagduniform trägt, sich ziemlich Pläsir machen kann; was aber einen Pelz oder Feder hat, muss sich verkriechen, wofern es nicht zertreten sein will"[7]. Von den

---

6   Der Vers besteht aus sechs Takten (eigentlich acht Takten, von denen zwei stumm sind) und beginnt mit einem Auftakt. Er kommt aus den Epen um Alexander (12. Jahrhundert) und wurde in Deutschland von den Franzosen übernommen. Bis zur Mitte des 18. Jahrhunderts war er der am meisten gebrauchte Vers. Der Verzicht auf ihn war eine geradezu revolutionäre Tat Lessings und nach ihm der Stürmer und Dränger.

7   Vgl. Waldemar Oehlke: *Lessing und seine Zeit*. München 1919, 2. Band, S. 145

1.2 Zeitgeschichtlicher Hintergrund

Zerlumpten und Ärmsten, den Leibeigenen und Gesellen war in diesem zeitgenössischen Bericht noch nicht einmal die Rede. Es war eine vorrevolutionäre Zeit, die in Frankreich schließlich 1789 zur großen Veränderung führte. In Deutschland blieb die Revolution aus. Die Forderungen der Französischen Revolution – Freiheit, Gleichheit, Brüderlichkeit – wurden am Ende nicht eingelöst, bis heute nicht, sie wurden in Deutschland nicht einmal zum Programm.[8] Lessings Stück belegte, dass es in Deutschland keine Revolution geben konnte, denn seine bürgerlich geprägten Repräsentanten sind in ihren Moralvorstellungen so erstarrt, dass sie den von ihnen gewünschten Fortschritt hemmen. Der Prinz weiß nichts von politischer und gesellschaftlicher Entwicklung, aber mit Odoardo Galotti ist er auch nicht zu denken. Solche Gestalten gab es nicht nur am **Braunschweiger Hof**, obwohl der natürlich bei dem Stück einfällt.

Herzog Karl von Braunschweig (1735–80) verkaufte 1776 den Engländern 5700 Landeskinder als Soldaten, von denen nur 2700 zurückkehrten. Er war kunstliebend und verschwenderisch, leidenschaftlich und leichtsinnig. Künstler und Gelehrte sah er gern an seiner Tafel; das Theater, das bei seinem Regierungsantritt eröffnet wurde, kostete ihn jährlich 70 000 Taler. Ebenso leichtsinnig wie kunstliebend war auch der Erbprinz, von 1780 bis 1806 Herzog von Braunschweig, der Lessing 1770 nach Wolfenbüttel geholt hatte und damit etwas Vergleichbares unternahm wie einige Jahre später sein Neffe Karl August in Weimar, der Goethe 1775 nach Weimar holte.[9] In

---

8 Zu Lessings 250. Geburtstag verwies Walter Jens energisch darauf, dass Lessings Ziele und die der Revolution noch immer nicht verwirklicht wurden. Vgl. Dvoretzky (Hg.): *Lessing heute*, S. 295
9 Die Herzoginmutter Anna Amalia von Sachsen-Weimar-Eisenach, die den Musenhof gründete, war die Schwester Karl Wilhelm Ferdinands, Herzog zu Braunschweig und Lüneburg.

1.2 Zeitgeschichtlicher Hintergrund

reichlich dreißig Jahren vollzog sich große Weltpolitik und folgenreiche Kunstpolitik gleichermaßen, gruppiert um **eine bürgerliche Revolution**. Bezieht man das Nebeneinander von rücksichtslosem Umgang mit Menschen, brutaler Verwertung der Ware „Mensch", ausgeprägter Mätressenwirtschaft einerseits und hohen künstlerischen Ansprüchen, Stilisierungsversuchen zu Musenhöfen und weitreichenden Kulturinteressen andererseits in die Betrachtung der *Emilia Galotti* ein, erkennt man ihren differenzierten antihöfischen Charakter ebenso wie die ihr innewohnende Erfüllung höfischer Ansprüche. Es ist Lessings Meisterschaft, diese beiden einander widersprechenden zeitgenössischen Vorgänge unlösbar miteinander verbunden zu haben.

1.3 Angaben und Erläuterungen zu wesentlichen Werken

Mit dem Stoff der *Emilia Galotti* und entsprechenden Übersetzungen beschäftigte sich Lessing von 1749 bis 1772. Deshalb werden parallel entstandene Texte genannt. Bereits vor *Emilia Galotti* versuchte sich Lessing auch am bürgerlichen Trauerspiel und griff dazu auf englische Beispiele und zeitgenössische Vorgänge zurück. In diesem Sinne führen folgende Stücke einzelne Elemente aus, die in *Emilia Galotti* wiederkehren:

1749	*Samuel Henzi* (Fragment) – der demokratische Freiheitsgedanke
1755	*Miss Sara Sampson* – die bürgerliche Moralvorstellung
1759	*Faust* (Fragment) – der Drang nach Wahrheit und Tugend
1767	*Minna von Barnhelm oder Das Soldatenglück* – die Abhängigkeit des Menschen und seiner Tugend von der sozialen Stellung

1772 *Emilia Galotti*

Parallel dazu entwickelte Lessing die Theorie vom bürgerlichen Trauerspiel in ästhetischen und kritischen Schriften, deren Anteil an der Vorbereitung von *Emilia Galotti* ebenfalls beträchtlich ist. Das Stück wurde die Bestätigung der Theorie:

1.3 Erläuterung zum Werk

1759–1765 *Briefe, die neueste Literatur betreffend*
Begründung eines bürgerlichen Dramas nach dem Beispiel der Engländer im Gegensatz zum höfischen Theater

1766 *Laokoon oder Über die Grenzen der Malerei und Poesie*
Literatur wurde als dynamisch, handelnd, kämpferisch bestimmt

1767–1769 *Hamburgische Dramaturgie*
Konkretisierungen des bürgerlichen Dramas vor allem bei den in ihnen handelnden „gemischten" Charakteren

2. Textanalyse und -interpretation

2.1 Entstehung und Quellen

Das Schicksal der Emilia Galotti ist dem der römischen Virginia ähnlich. Der Stoff ist berühmt in der Weltliteratur und wurde von den Geschichtsschreibern Titus Livius (59 v. d. Z. bis 17 n. d. Z.) und Dionysius von Halikarnass überliefert, der ungefähr 31 v. d. Z. nach Rom kam und dort die ältere Geschichte Roms niederschrieb. Beide schilderten den Sturz Appius Claudius' im Jahre 449 v. d. Z. Er gehörte zu den zehn Senatoren, „Decemvirn", die die Gesetze Roms zu formulieren hatten. Für die Dauer ihrer Arbeit bekamen sie eine uneingeschränkte Machtbefugnis. Appius Claudius verliebte sich heftig in Virginia, die Tochter des Plebejers Lucius Virginius, eines Kohortenführers, der beim Heer weilte. Um ihren Widerstand zu brechen, denunzierte Appius sie als Sklavin. Als Sklavin aber habe Virginia ihrem Herrn, einem Subjekt des Appius Claudius namens Marcus Claudius, zu folgen. Ihr Vater Virginius ergriff von einem Fleischer ein Messer und erstach die Tochter, um deren Freiheit, gemeint war: deren Jungfräulichkeit und Ehre, zu erhalten. Diese Tat löste einen Volksaufstand gegen Appius aus, der zum Sturz der Decemvirn und zur Verhaftung des Appius führte, der sich 448 v. d. Z. im Gefängnis selbst getötet haben soll. Der Senat stellte die alte Verfassung wieder her.

> Virginia

Ein zweiter Stoff hat ebenfalls Spuren bei Lessing hinterlassen, die Sage vom Tod der Lucretia.
Auch sie wurde von Livius berichtet.
Wenn Emilia sich zu töten versucht und solches mit einer

> Lucretia

2.1 Entstehung und Quellen

Haarnadel zu tun gedenkt, ist das aus dem Lucretia-Stoff bezogen. Lucretia als Beispiel einer tugendhaften Frau wird durch Drohungen und Betrug gefügig gemacht, enthüllt unmittelbar darauf das Verbrechen und tötet sich selbst. Ein Volksaufstand folgt. Lessing hatte sich dem Stoff in *Das befreite Rom* (1756/57) gewidmet.

Lessing beschäftigte sich fünfzehn Jahre mit einer „bürgerlichen Virginia"; es ist einer der frühesten Pläne Lessings zu einem Trauerspiel, der Stoff war insgesamt über zwanzig Jahre für ihn präsent. Er verband mit ihm Themen wie Freiheit und Gleichheit, Natürlichkeit der Gefühle und entsprechende Lebensmöglichkeiten.

Der römische Stoff wurde von seinen politischen, das heißt den staatlichen Beziehungen befreit, wodurch auch der „Umsturz der ganzen Staatsverfassung"[10], Bestandteil der Überlieferung, ausgeklammert wurde. Lessing konzentrierte sich auf den Tod Virginias und die Verteidigung ihrer Unschuld; er verzichtete auf den Aufstand des römischen Volkes und die gesellschaftliche Neuordnung. Die dramaturgische Begründung findet sich in der *Hamburgischen Dramaturgie*, besonders im 14. Stück. Lessing erklärt, dass nicht die herrschaftliche Stellung eines Menschen ihn interessant mache, sondern allein sein Menschsein. „... unsere Sympathie erfodert (erfordert, R. B.) einen einzeln Gegenstand, und ein Staat ist ein viel zu abstrakter Begriff für unsere Empfindungen."[11] Ein Aufstand des Volkes, wie ihn das römische Vorbild bot, hatte keinen Platz in Lessings Trauerspiel, da es in der deutschen Wirklichkeit dazu keine passenden Erscheinungen gab.

Die Konflikte in *Emilia Galotti* entstehen lediglich daraus, dass mit Ausnahme Appianis – der eine natürliche Freiheit in sei-

---

10 Brief vom 21. Januar 1758 an Friedrich Nicolai. In: *Werke*, 1957, 9. Band, S. 157
11 Lessing (BDK), 4. Band, S. 72

2.1 Entstehung und Quellen

nen heimatlichen Tälern hat – nur der Prinz unabhängig ist. Lessing entschied sich nach der Arbeit am *Spartacus* 1770 für *Emilia Galotti*. Das Stück war die Vereinfachung des anderen Entwurfs, denn im *Spartacus* wurde eine radikale gesellschaftliche Veränderung beschrieben, auf die Lessing in *Emilia Galotti* verzichtete. Es kam noch schlimmer: Als Virginius in der römischen Vorlage seine Tochter Virginia ermordete, brach ein Volksaufstand aus, der zu einem Umsturz führte. Nach dem Tod Emilias durch ihren Vater Odoardo wird alles so bleiben wie es ist; nur starke Worte nach „Rache" findet Odoardo, von Taten ist nichts zu spüren.

Der Stoff der *Emilia Galotti* reicht bei Lessing vermutlich bis 1750 zurück.

> Stoff der *Emilia Galotti*

Als er den Stoff 1771 wieder aufnahm, bezeichnete er das Sujet als

> *„eins von meinen ältesten, das ich einmal in Hamburg auszuarbeiten anfing. Aber weder das alte Süjet noch die Hamburger Ausarbeitung habe ich jetzt brauchen können, weil jenes nur in drei Akte abgeteilt, und diese so angelegt war, dass sie nur gespielt, aber nie gedruckt werden sollte."*[12]

Im Zusammenhang mit seinen journalistischen Arbeiten in Berlin waren Lessing mehrere Virginia-Gestaltungen begegnet.

---

12 Brief vom 10. Februar 1772 an Karl Lessing. In: *Werke*, 1957, 9. Band, S. 499

2.1 Entstehung und Quellen

Die des Spaniers **Don Augustino de Montiano y Luyando** (1697–1764) bot er als Auszug und Übersetzung einer ausführlichen Inhaltsangabe 1754 in der *Theatralischen Bibliothek*, die *Virginia* von **Johann Samuel Patzke** (1727–1787), in der der Konflikt des bürgerlichen Trauerspiels bereits im wesentlichen vorhanden war, rezensierte er in der *Berlinischen Privilegierten Zeitung* vom 23. August 1755.

Das dem gleichen Stoff gewidmete Stück des Engländers **Henry Samuel Crisp** wurde 1754 in London aufgeführt. Lessing übersetzte den ersten Auftritt in deutsche Prosa. Crisps *Virginia* hatte bereits einen wollüstigen Appius (Prinz) und einen moralischen Vater Virginius (Odoardo), auf den sich Virginia (Emilia) in ihrem Tod beruft.

Nicolai hatte einen Preis von 50 Talern für das beste deutsche Trauerspiel ausgesetzt. Lessing wollte diesen Preis erringen. An Mendelssohn schrieb er am 22. Oktober 1757, dass ein junger Mensch ein Trauerspiel schreibe, „welches vielleicht unter allen das beste werden dürfte, wenn er noch ein paar Monate Zeit darauf wenden könnte"[13]. Da der Gewinner des Preises Cronegk vor der Austeilung des Preises starb, sollte Nicolai den Preis nochmals ausschreiben, nun verdoppelt. „Unterdes", schrieb Lessing am 21. Januar 1758[14] an Nicolai, „würde mein junger Tragikus", der er selber war, „fertig, von dem ich mir, nach meiner Eitelkeit, viel Gutes verspreche; denn er arbeitet ziemlich wie ich". Sein Thema sei eine **bürgerliche Virginia,**

> „*der er den Titel ‚Emilia Galotti' gegeben. Er hat nämlich die Geschichte der römischen Virginia von allem dem abgesondert,*

---

13 Brief vom 22. Oktober 1757 an Moses Mendelssohn. In: *Werke*, 1957, 9. Band, S. 150
14 Brief vom 21. Januar 1758 an Friedrich Nicolai. In: *Werke*, 1957, 9. Band, S. 156

2.1 Entstehung und Quellen

was sie für den ganzen Staat interessant machte; er hat geglaubt, dass das Schicksal einer Tochter, die von ihrem Vater umgebracht wird, dem ihre Tugend werter ist, als ihr Leben, für sich schon tragisch genug, und fähig genug sei, die ganze Seele zu erschüttern, wenn auch gleich kein Umsturz der ganzen Staatsverfassung darauf folgte."

Zu diesem Zeitpunkt sollte das Stück dreiaktig sein. Nicolai hat es 1758 in Berlin bei Lessing gesehen. Die Orsina war zu diesem Zeitpunkt noch nicht vorhanden. Das Attribut „bürgerlich" signalisiert keinen sozialen Konflikt. Es wies vor allem eine moralische Qualität aus, die sich mit neu entstandenen Lebensgewohnheiten wie „häuslich" (erhalten im Begriff der „bürgerlichen Küche") verband. Ästhetisch war es der Gegensatz zu „heroisch"[15] und zu den barocken Haupt- und Staatsaktionen.

Der französische Philosoph Rousseau meldete sich in dieser Zeit mit seinen Forderungen: 1756 lernte Lessing in der Übersetzung Mendelssohns die berühmte Schrift *Vom Ursprunge der Ungleichheit unter den Menschen* kennen, wobei er sich vor allem für die „Moralität" interessierte, die den Menschen bewahre, „um nichts Geringers zu werden"[16]. 1762 erschien der *Gesellschaftsvertrag*, der die Menschen in einer freien gesellschaftlichen Vereinigung zusammenführen wollte, in

> Menschen in einer freien gesellschaftlichen Vereinigung

der keiner so reich sein sollte, sich einen Menschen zu kaufen, und keiner so arm, sich verkaufen zu müssen. Der Vertrag wurde unter die Losung gestellt „Retour à la nature" (Zurück zur Natur), die **ein alternatives Leben** bezeichnete, in dem es zwar Eigentum, aber gleich verteiltes gab. Lessings

---

15 Vgl. Wilfried Barner u. a.: *Lessing. Epoche–Werk–Wirkung*. München: C. H. Beck, 1975, S. 174
16 Brief an Moses Mendelssohn vom 21. Januar 1756. In: *Werke*, 1957, 9. Band, S. 63

2.1 Entstehung und Quellen

Emilia sollte jene Losung später leben, in ihrer schlichten Schönheit und „in Locken, wie die Natur sie schlug". So fiel sie Appiani auf[17], und so bedeutete sie auch für den Prinzen den faszinierenden Gegensatz zur steril gewordenen Künstlichkeit am Hofe und dem inszenierten Mätressenwesen. –

Das Stück wurde im wesentlichen im Herbst und Winter 1771/72 geschrieben, Lessing hatte sich auf einen „recht ruhigen und fleißigen Winter"[18] vorbereitet. Am Heiligabend 1771 teilte er Christian Friedrich Voss mit, die neue Tragödie sei „so gut als fertig ...; fertiger, als ich noch mit keinem Stücke gewesen, wenn ich es habe anfangen lassen zu drucken."[19]

Neuer Typ der Tragödie

Sein Bruder Karl war des Lobes voll und erkannte die außerordentliche Leistung Lessings, einen neuen Typ der Tragödie gefunden zu haben:

> *„In Deiner ‚Emilia Galotti' herrscht ein Ton, den ich in keiner Tragödie, so viel ich deren gelesen, gefunden habe; ein Ton, der nicht das Trauerspiel erniedrigt, sondern nur so heruntersstimmt, dass es ganz natürlich wird, und desto leichter Eingang in unsere Empfindungen erhält."*[20]

Lessing schreibt an den Bruder am 1. 3. 1772 den gleichen Hinweis, der zuerst im Brief an Friedrich Nicolai vom 21. Januar 1758 auftaucht und auch im Brief an den Herzog von Anfang März 1772 erscheint: „Du siehst wohl, dass es weiter nichts, als eine modernisierte, von allem Staatsinteresse befreite ‚Virginia' sein soll."[21] Könnte man annehmen, dass die

---

17 Lessing (BDK), 1. Band, S. 255
18 Brief vom 31. Oktober 1771 an Karl Lessing. In: *Werke*, 1957, 9. Band, S. 450
19 Brief vom 24. Dezember 1771 an Christian Friedrich Voss. In: *Werke*, 1957, 9. Band, S. 472
20 Brief Karl Lessings vom 3. Februar 1772 an Lessing. In: *Werke*, 1957, 9. Band, S. 497
21 Brief vom 1. März 1772 an Karl Lessing. In: *Werke*, 1957, 9. Band, S. 502

2.1 Entstehung und Quellen

Bemerkung im Brief an den Herzog eine Schutzbehauptung war, so wird die Vermutung durch die anderen Belege hinfällig.

Am 13. März 1772 wurde das Trauerspiel anlässlich des Geburtstages der Herzogin in Braunschweig durch den Direktor Karl Theophil Döbbelin (1727–1793) und seine Schauspieltruppe uraufgeführt, im gleichen Jahr, in dem Johann Wolfgang Goethes *Götz von Berlichingen* erschien. Lessing, der erkrankt war und schlimme Zahnschmerzen hatte[22], nahm nicht teil; aber die Krankheit kam ihm auch gelegen, denn er wollte die Uraufführung meiden, „weil mir der Kopf davon noch warm ist, und es mir erst wieder fremd werden muss, wenn mir das Sehen nützen soll."[23]

Erst nach der Premiere erschien *Emilia Galotti* im selben Jahr als Buch. Der Erfolg war groß, an neun Tagen wurde das Stück nach der Premiere wiederholt, ein ungewöhnlicher Vorgang für die damalige Zeit und irritierend deshalb, weil Zuschauer und der Hof in dem Stück nichts Besorgniserregendes, gar Revolutionäres erkannt hatten. In Gotha allerdings wurde eine Aufführung verboten, wie man aus einer Tagebucheintragung Leisewitz' weiß. Dass wäre daher gekommen, „weil die Fürsten in der *Emilia* übel behandelt wären"[24]. In Braunschweig fand das Stück Anerkennung, obwohl Vermutungen entstanden, mit dem Prinzen sei der Erbprinz Karl Wilhelm Ferdinand (1735–1806) und mit der Orsina seine schöne, auch von Goethe 1779 bewunderte Geliebte Maria Antonia di Branconi,

---

22 Brief vom 15. März 1772 an Eva König: „Ich bin aber nicht bei der Aufführung gewesen, denn ich habe seit acht Tagen so rasende Zahnschmerzen, dass ich mich bei der eingefallenen strengen Kälte nicht herüber getraut habe. – Diesen Zahnschmerzen, meine Liebe, müssen Sie es auch zuschreiben, wenn ich Ihnen dasmal ein wenig sehr lüderlich und verwirrt schreibe." In: *Werke*, 1957, 9. Band, S. 505
23 Brief vom 16. März 1772 an Johann Arnold Ebert. In: *Werke*, 1957, 9. Band, S. 508
24 Th. W. Danzel und G. E. Guhrauer: *Gotthold Ephraim Lessing. Sein Leben und seine Werke.* Leipzig 1850–1854, Band 2, S. 59

2.1 Entstehung und Quellen

geb. von Elsener (1751–1793), gemeint, die sich der Erbprinz 1766 von seiner Italienreise mitgebracht hatte. Lessing versuchte solche gefährlichen Gerüchte zu entkräften und schickte „eine neue Tragödie von mir, die ich aber bereits vor einigen Jahren ausgearbeitet ... welches weiter nichts als die alte römische Geschichte der Virginia in einer modernen Einkleidung sein soll"[25], an den Herzog Karl von Braunschweig.
Gegenüber dem Vorbild verzichtete Lessing **auf das Volk**. Vom Volk hatte der bedeutende Aufklärer nur eine diffuse Vorstellung. In den Briefen Lessings gibt es das Volk im Allgemeinen nicht. Als sein Freund Gleim Wien wegen seiner Beschränkungen kritisierte, zog Lessing in ungewohnter Manier vom Leder und führte die Freiheit Berlins geradezu ad absurdum, weil sie zwar die Beschimpfung der Religion garantiere, sonst aber keine Kritik zulasse:

> „lassen Sie einen in Berlin auftreten, der für die Rechte der Untertanen, der gegen Aussaugung und Despotismus seine Stimme erheben wollte, wie es itzt sogar in Frankreich und Dänemark geschieht: und Sie werden bald die Erfahrung haben, welches Land bis auf den heutigen Tag **das sklavischste Land Europas** ist"[26].

Lessings Stück war bleibender Erfolg beschieden und es gilt bis heute als „bedeutendes revolutionäres Trauerspiel"[27], während andere Bearbeitungen des Stoffes in Vergessenheit geraten sind. In Lessings Stück schlug sich besonders deutsches Denken und Fühlen nieder, in dem die kritische Analyse eine

---

25 Brief von Anfang März 1772 an den Herzog Karl von Braunschweig. In: *Werke*, 1957, 9. Band, S. 503
26 Brief an Friedrich Nicolai vom 25. August 1769. In: *Werke*, 1957, 9. Band, S. 327
27 Peter Paintner: *Gotthold Ephraim Lessing. Emilia Galotti*. Hollfeld/Ofr.: C. Bange, 24. Auflage 1995, S. 17

große Rolle spielt, politisches Handeln aber nur rudimentär vorhanden ist. Eine wirklich **politische Handlung** findet in dem Stück nicht statt, sondern nur eine familienpolitische; **politisches Denken** zeichnet die Personen jedoch aus. Das empfanden schon die Zeitgenossen Lessings, mit der Ausnahme des Schweizers Bodmer.[28] – Gegen diese These ist Widerspruch angemeldet worden[29], der aber auch nicht an Lessings Aussagen zu seinem unpolitischen Vorsatz vorbeikommt und vor allem bestätigen muss, dass der entscheidende Vorgang für eine politische Handlung, wie sie die Virginia-Vorlage bot, von Lessing ausgeschieden wurde: der erfolgreiche Aufstand des Volkes. Lessings Gesellschaftskritik und die Gattungsbezeichnung des bürgerlichen Trauerspiels werden in zwei Vorgängen des Stückes deutlich:

> Lessings Gesellschaftskritik und die Gattungsbezeichnung des bürgerlichen Trauerspiels

Zum einen wird das Volk aus der Handlung ausgeschieden und selbst von Orsina, die das Volk mobilisieren will, nicht weiter verfolgt, weil es im Gegensatz zu anderen europäischen Staaten, vor allem Spanien, England und Frankreich, nicht zum politischen Handeln, sondern nur zum politischen Denken neigt. Zum anderen werden gesellschaftlich begründete Verhaltensweisen – fürstliche Willkür, bürokratische kriminelle Energie usw. – in familienpolitischen Folgen gezeigt, eine Kritik Lessings am nur gering ausgeprägten politischen Gemeinsinn der Deutschen.

---

28 Vgl. Barner, S. 174
29 Martin Franz Martiska: *Bürgerliches und höfisches Denken in Lessings Emilia Galotti*. In: www.unet.univie.ac.at/~9502164/galotti.html

2.2 Inhaltsangabe

Erster Aufzug:

1.1. 1.1. Am frühen Morgen nimmt der in heftiger Leidenschaft für Emilia Galotti entflammte Prinz von Guastalla, Hettore Gonzaga, seine Amtsgeschäfte auf. Wegen dieser Liebe vernachlässigt er seine Mätresse Gräfin Orsina, die sich ihm brieflich in Erinnerung bringt und in die Stadt gekommen ist. Er liest den Brief nicht. Mit dieser ungewöhnlichen Tageszeit, Prinz: „Ich habe zu früh Tag gemacht.", kann Lessing die Einheit der Zeit (Handlung geschieht an einem Tag) einhalten. Andererseits wertet er den Prinzen, der sich schon zeitig am Morgen mit Bittschriften und Misslichkeiten seines Landes beschäftigt, auf. Aus der Klage des Prinzen „Bittschriften, nichts als Bittschriften!" (S. 4)[30] ist nicht zu schließen, es stünde in diesem Lande nicht zum besten[31]: Auf den Tisch eines Staatsoberhauptes kommen in der Regel Klagen. Das Bedauern des Prinzen, nicht allen helfen zu können („dann wären wir zu beneiden", S. 4), weist auf sein Gefühl für soziale Verantwortung hin.

1.2.–1.5. 1.2.–1.5. Trotz der Tageszeit macht ihm der Maler Conti seine Aufwartung und bringt, neben dem bestellten Bild der Orsina, ein Bild Emilias. Kunstgespräch.

1.6. 1.6. Vom Kammerherrn Marinelli erfährt der Prinz, dass Emilia am gleichen Tage den Grafen Appiani heiraten soll. Mit Marinelli, dem er seine Liebe zu Emilia gesteht, berät der Prinz, wie man das verhindern kann und beauftragt ihn dazu. –

---

30 Die Seitenzahlen des Textes beziehen sich auf: *Gotthold Ephraim Lessing. Emilia Galotti.* Hollfeld: C. Bange, 1996
31 Vgl. Peter Paintner: *Gotthold Ephraim Lessing. Emilia Galotti.* Hollfeld/Ofr. 24. Auflage 1995, S. 34

1.7.–1.8. Seine Liebesverwirrung ist durch das Bild, die beabsichtigte Heirat Emilias und Marinellis Plan so groß geworden, dass er seine Staatsgeschäfte vernachlässigt. Als er ein Todesurteil entscheiden soll, reagiert er abwesend „Recht gern. – Nur her! geschwind." (S. 17) Als sein Rat Camillo Rota daraufhin behauptet, das Todesurteil nicht bei sich zu haben, nimmt der Prinz auch das kaum wahr, weil er um Emilia zu begegnen in die Messe eilt.

Zweiter Aufzug:

2.1.–2.2. Odoardo Galotti trifft unerwartet im Stadthaus der Familie ein. Er ist besorgt, dass Emilia allein zur Messe gegangen ist und einen Fehltritt tun könnte.

2.3. Pirro, Bediener bei den Galottis, und Angelo, der unter dem alten Galotti diente, sind Gauner. Nun überlegen sie die Entführung Emilias vor der Hochzeit.

2.4. Odoardo verbindet die Tugend ländlicher Sittlichkeit mit militärischer Strenge, die Mutter Claudia die der städtischen Erziehung mit offenherziger Milde. Für ein armes Mädchen wie Emilia war die Erziehung in der Nähe des Hofes und ihre Bildung in der Stadt, unter den Augen der Mutter, die einzige Möglichkeit, um zu einer standesgemäßen Ehe zu kommen. Claudia erzählt Odoardo von einer ersten Begegnung Emilias mit dem Prinzen bei den Grimaldis; Odoardo ist fassungslos, wütend und ahnungsvoll. Er und der Prinz sind Gegner, sein Urteil ist deshalb auch scharf: „Ein Wollüstling, der bewundert, begehrt." (S. 24).

2.2 Inhaltsangabe

2.5.–2.6. 2.5.–2.6. Claudia wartet ungeduldig auf Emilia. Sie kommt aus der Messe zurück und erzählt der Mutter von ihrer Begegnung und ihrem Gespräch mit dem Prinzen; sie ist verwirrt, weiß nichts mehr vom Inhalt des Gesprächs und erinnert sich nur der körperlichen Berührung („Das war die einzige Überlegung, deren ich fähig war – oder deren ich nun mich wieder erinnere. Er sprach; und ich hab' ihm geantwortet." S. 27). Als die Mutter sie fragt, ob sie „in *einem* Blicke alle die Verachtung" gezeigt habe, die der Prinz verdiene, verneint Emilia das: „Nach dem Blicke, mit dem ich ihn erkannte, hatt' ich nicht das Herz, einen zweiten auf ihn zu richten." (S. 27) Die Absicht, ihrem Verlobten Graf Appiani von der Begegnung zu berichten, gibt sie schnell auf, als auch die Mutter abrät. Die Erschütterung vergeht: *„Mit einem tiefen Atemzuge.* Auch wird mir wieder ganz leicht." (S. 28)

2.7.–2.8. 2.7.–2.8. Emilias Verlobter Graf Appiani ist das Gegenteil des liebes- und sinnestollen Prinzen: Er tritt „tiefsinnig, mit vor sich hin geschlagenen Augen herein". (S. 29) Mit Claudia und Emilia führt er ernste Gespräche über Tränen und teilt ihnen mit, dass er den Prinzen von der bevorstehenden Heirat informieren will.

2.9.–2.11. 2.9.–2.11. Marinelli wird von Pirro angekündigt. Er will Appiani zum Prinzen bringen, um Appiani von dort als Gesandten nach Massa zu senden. Damit würde die Hochzeit verschoben. Aber Appiani lehnt ab, beleidigt Marinelli – Appianis einziger Gefühlsausbruch – und wird von diesem zum Duell gefordert. Als Appiani sich diesem sofort stellen will, entzieht sich Marinelli, denn nun muss eine Entführung die Hochzeit verhindern. Claudia ist sichtlich beunruhigt.

2.2 Inhaltsangabe

Dritter Aufzug:

3.1. Marinelli ist zum Prinzen geeilt, der sich inzwischen auf sein Lustschloss Dosalo begeben hat, und berichtet vom Scheitern seiner Mission. Er belügt auch seinen Prinzen und erklärt, er habe Appiani gefordert, um die Hochzeit zu verhindern, sei aber „auf die ersten acht Tag nach der Hochzeit" zum Duell (S. 38) beschieden worden. Er weiß, dass dieses Duell nicht mehr zustande kommen wird. Über sein Gespräch mit Emilia nach der Messe berichtet der Prinz Marinelli und teilt ihm „höhnisch" mit: „Sie kam meinem Verlangen mehr als halbes Weges entgegen. Ich hätte sie nur gleich mitnehmen dürfen." (S. 38) Das Gespräch zwischen dem Prinzen und Emilia wird von den handelnden Personen am meisten und höchst unterschiedlich besprochen. Im Gespräch mit Marinelli entsteht eine Ahnung, was in diesem Gespräch verhandelt worden ist. Es scheint Verständnis zwischen dem Prinzen und Emilia gegeben zu haben. Marinelli hat ohne Wissen des Prinzen Appianis Tod vorbereitet. Den Prinzen überfällt „Bangigkeit" (S. 39).

3.2. Angelo berichtet Marinelli von dem Anschlag auf Appiani.

3.3. Der Prinz und Marinelli beobachten Emilia, die sich in das Schloss rettet. Nun erzählt der Prinz, in dem Gespräch mit Emilia habe sie kein Wort gesagt.

3.4. Marinelli empfängt Emilia. Sie erfährt, dass sie im Schloss des Prinzen ist.

3.5. Als der Prinz Emilia bei sich hat, außerhalb von Kirche und Messe, sein Wunsch sich zu erfüllen beginnt, spricht auch er anders über

2.2 Inhaltsangabe

das Gespräch, erzählt vor Marinelli von Emilias „sprachloser Bestürzung, mit der Sie es anhörten, oder vielmehr nicht anhörten" (S. 45). Damit bleibt offiziell Emilias Tugend unberührt und er kann sie zu „Entzückungen" führen, „die Sie mehr billigen" (S. 46). Emilia lässt es, wenn auch mit „Sträuben", aber widerspruchslos zu.

3.6.–3.8. 3.6.–3.8. Emilias Mutter ist an der Spitze eines Menschenhaufens auf dem Weg ins Schloss. Marinelli empfängt sie, sein Diener Battista drängt ihre Begleiter hinaus. Claudia erzählt, Appiani sei mit einer Verwünschung Marinellis gestorben. Sie versteht allmählich die Zusammenhänge, nennt Marinelli einen „feigen, elenden Mörder" (S. 49) und stürzt Emilia nach.

Vierter Aufzug:

4.1. 4.1. Der Prinz, nachdem er eine Weile mit Emilia allein war, betritt die Szene, um sich zu „erholen" (S. 51). Er erfährt von Appianis Tod und sieht sich in Marinellis Hand, nachdem dieser ihm erklärt, der Prinz habe durch sein Verhalten nach der Messe den Verdacht, am Tode Appianis schuldig zu sein, auf sich gelenkt. Der Prinz durchschaut Marinellis heimtückisches und intrigantes Spiel nicht und glaubt dessen lügnerischen Erklärungen.

4.2.–4.4. 4.2.–4.4. Seine Lage verschärft sich, als Gräfin Orsina ihn zu sprechen sucht, die ihn brieflich um eine Zusammenkunft in Dosalo gebeten hatte. Der Prinz aber hatte den Brief nicht gelesen. Er ist nach Dosalo gekommen, um Emilia zu treffen. Marinelli lässt sie nicht zum Prinzen. Der Prinz fertigt sie beiläufig ab.

4.5. 4.5. Die Orsina ist darüber fassungslos. Als Marinelli ihr jedoch offenbart, wer bei dem Prinzen und weshalb er beschäftigt ist, erkennt sie die Zusammenhänge: Der Prinz habe am Morgen mit Emilia „ein Langes und Breites gesprochen" (S. 63) und „Der Prinz ist ein Mörder!" (S. 62) Marinellis Prophezeiung, dass der Prinz für den Tod Appianis verantwortlich gemacht werde, hat sich schnell erfüllt. Sie verkündet: „Morgen will ich es auf dem Markte ausrufen." (S. 63). In diesem Vorsatz ist ein Rest des im Stoff angelegten Aufbegehrens zu finden, denn der „Markt" assoziiert „Volk", an das sich die Orsina wenden will.

4.6. Odoardo trifft auf dem Schloss ein; er hat von dem Überfall gehört. Marinelli will ihn beim Prinzen melden, rät ihm aber von einem Gespräch mit der Orsina ab.

4.7. Die Orsina erzählt von Appianis Tod und enthüllt Odoardo die Hintergründe: „Des Morgens sprach der Prinz Ihre Tochter in der Messe, des Nachmittags hat er sie auf seinem Lust – Lustschlosse." (S. 66) Die Orsina, deren Kundschafter das Gespräch zwischen dem Prinzen und Emilia „in Vertraulichkeit" und „Inbrunst" (S. 66) beobachteten und belauschten, macht Odoardo weit reichende Andeutungen: „Sie (der Prinz und Emilia, R. B.) hatten nichts Kleines abzureden. Und recht gut, wenn es abgeredet worden, recht gut, wenn Ihre Tochter freiwillig sich hierher gerettet!" (S. 66) Sie hat auch Gift und Dolch zur Verfügung, den Dolch zwingt sie Odoardo auf und bedrängt ihn, Rache zu nehmen. Durch Odoardos blinde Wut („Blickt wild um sich, und stampft und schäumet." S. 66) entsteht für sie die Möglichkeit, ihm die Rache zu übertragen und sie nicht selbst durchführen zu müssen.

4.8. Odoardo bekommt von Claudia bestätigt, dass der Prinz am Morgen

2.2 Inhaltsangabe

Emilia in der Messe gesprochen hat. Er schickt seine Frau mit der Orsina in die Stadt zurück.

Fünfter Aufzug:

5.1. Marinelli und der Prinz beobachten Odoardo und versuchen, dessen Pläne zu erraten. Während Marinelli meint, Odoardo würde sich dem Prinzen unterwerfen, ahnt der Prinz, dass er Emilia „außer meinem Gebiet" verschließen will.

5.2. Odoardo beschließt, sich nicht von „einer für (vor) Eifersucht Wahnwitzigen" fortreißen zu lassen (S. 71) und nicht der „Rache des Lasters" zu dienen, dafür aber die Tugend zu retten. Das bedeutet aber den Tod Emilias, denn nur dann kann Odoardo seinen Vorsatz erfüllen: „Genug für mich, wenn dein (Appianis, R. B.) Mörder die Frucht seines Verbrechens nicht genießt." (S. 71).

5.3.-5.4. Vorläufig, so legt Marinelli fest, soll Emilia in Guastalla bleiben und nicht mit ihrem Vater fahren dürfen. Odoardo aber scheint sich mit seinem Plan durchzusetzen, Emilia in ein Kloster zu bringen.

5.5.-5.6. Marinelli greift ein, lügt sich eine Freundschaft zu Appiani zurecht und fordert, bis zur Klärung der Tatumstände Emilia in sicheren Gewahrsam zu bringen. Der Prinz empfiehlt die Wohnung des Kanzlers Grimaldi. – Erneut zweifelt Odoardo, ob Emilia nicht im Bunde mit dem Prinzen ist und will gehen. Es ist zu spät, Emilia kommt und Odoardo sieht sich als rächende Hand Gottes.

5.7. Emilia verzweifelt, als ihr Vater ihr von den Festlegungen erzählt, denn

2.2 Inhaltsangabe

das Haus der Grimaldis ist „das Haus der Freude" (S. 81). Dort kann sie sich nicht für sich verbürgen, denn: „Ich habe Blut, mein Vater, so jugendliches, so warmes Blut als eine. Auch meine Sinne sind Sinne. Ich stehe für nichts." (S. 81). Odoardo, der eigentlich schon alle Rache aufgegeben hatte, wird durch Emilia an das Beispiel der Virginia erinnert. Er ersticht Emilia.

5.8. Odoardo will sich stellen und ins Gefängnis gehen. Er erwartet dort den Prinzen als Richter, um ihn dann „vor dem Richter unser aller" (S. 83) wieder zu treffen. Der Prinz verbannt Marinelli. Er erkennt, dass er als „Fürst" nicht Mensch sein darf (S. 83), also Emilia nicht lieben durfte. Wenig Raum bleibt für die Möglichkeit des aufgeklärten Herrschers.

2.3 Aufbau

Lessing wandte in seinem Trauerspiel die aristotelische Struktur des Dramas an.[32] Dazu gehörten die **drei Einheiten, die der Handlung, des Ortes und der Zeit**, von denen Lessing die Einheit der Handlung für wesentlich und den anderen überlegen hielt. Sie galt ihm als erstes dramatisches Gesetz der Alten (46. Stück der *Hamburgischen Dramaturgie*), dem er, unter Einbeziehung Shakespeares, folgen wollte. Dass neben Aristoteles vor allem die englische Bühne von Einfluss war, hatte er schon bei der früheren Fassung 1757 verkündet. Sein Trauerspiel wurde das Beispiel für die von ihm entwickelte Dramaturgie, *„Emilia Galotti* war die Tat zu den Gedanken der *Dramaturgie"*[33]. Gerühmt wurde vor allem die Exposition, weil sie „sogleich in Handlung übertrete, alles vorbereite, alles anmelde und doch nichts verrate, das gilt von der ganzen Komposition ohne Unterschied"[34].

Exposition

Die straffe Handlungsführung des Stückes fällt auf, in der jedes Wort und jeder Satz im Dienste der dramatischen Entwicklung steht. Die moralischen Entscheidungen, gegründet auf Tugend oder Laster, vollziehen sich in einer strengen Determination des Raums und der Figurenbeziehungen und schaffen die Einheit der Handlung. Weder kommt etwas von draußen dazu noch

Einheit der Handlung

---

[32] In Aristoteles' *Poetik* waren die Verknüpfungen der Begebenheiten als das Wichtigste der Tragödie beschrieben worden, bestehend aus einem Anfang, aus dem etwas folgt, der Mitte, die Folge ist und Folge auslöst, und dem Ende, dem nichts anderes mehr folgt. Diese ursprüngliche Dreiteilung entsprach den antiken drei Akten. Der erste Akt löste sich in Exposition und steigende Handlung, der dritte Akt in fallende Handlung und Katastrophe auf. Unverändert weiter bestand der zweite Akt, die Mitte, der Höhepunkt. Später wurden daraus 5 Teile.
[33] Franz Mehring. *Die Lessing-Legende*. In: Gesammelte Schriften. Berlin 1963, Band 9, S. 307
[34] Hettner 1961, 1. Band, S. 716

tritt etwas aus diesem Raum ab. Selbst die Orsina, die als so genannter **Bote aus der Fremde** betrachtet werden könnte, ist es nicht, denn ihre Ankunft wird bereits am Anfang mitgeteilt. Zufälle und Missverständnisse, ganz wie in der französischen Tragödie, führen sie an den rechten Platz zur rechten Zeit.

In der Reihenfolge der **Orte und Räume**, an und in denen das Stück spielt, wird erkennbar, wie der Vorgang aus dem öffentlichen Rahmen mehr und mehr ins Private zurückgenommen wird. Das Stück beginnt im Stadtschloss des Prinzen, im „Kabinett", dem Zentrum der Macht (heute noch erkennbar in Begriffen wie „Kabinettskrise" und „Kabinettsorder"); es spielt danach in der Stadtwohnung der Galottis. Stadtschloss und Stadtwohnung liegen in unmittelbarer Nähe des Dominikanerklosters, das als Machtfaktor mitgedacht werden kann, obwohl es auf die Handlung des Stückes keinen sichtbaren Einfluss hat. In Schloss und Wohnung spielen die Exposition und erregenden Momente der Handlung, die im Lustschloss außerhalb der Stadt ihre entscheidende Zuspitzung und Katastrophe erfährt.

2.3 Aufbau

Entwicklung der Handlung

1. Kabinett des Prinzen, flammende Liebe des Prinzen zu Emilia (Exposition)
   (Messe: Gespräch zwischen Prinzen und Emilia (wichtigster erregender Moment))
2. Haus der Galottis: Furcht Odoardos, Geständnis Emilias (Steigerung)
   Eintritt Appianis in die Handlung (weiterer erregender Moment)
   Appiani lehnt Auftrag des Prinzen ab, Duellforderung (Steigerung)
   verstreut Angstmotive: Tränen, Bangigkeit u. a. (Vorwegnahmen)
3. Lustschloss des Prinzen, Erwartung (Höhepunkt)
   Prinz führt Emilia zu „Entzückungen" (Höhepunkt)
   (Umschlag Liebe in Tod: Mord an Appiani (Peripetie))
4. Lustschloss des Prinzen: Orsinas Rache (fallende Handlung)
   Odoardo als Werkzeug der Orsina
   (Begegnung des Prinzen mit Emilia (retardierendes Moment))
5. Odoardos Verzicht auf Rache (Moment der letzten Spannung)
   Emilias Tod, Marinellis Verbannung, des Prinzen Enttäuschung (Katastrophe)

2.3 Aufbau

Die Handlung folgt aristotelischen Prinzipien. In seiner *Poetik* sprach Aristoteles von den zwei Teilen einer Tragödie, der Schürzung des Knotens und der Lösung. Beide gruppieren sich um den Höhepunkt samt der „Wandlung des Geschicks"[35]. Es fällt aber auf, dass alle wichtigen Vorgänge in dem Stück hinter der Bühne stattfinden: das alle Handlungen bestimmende Gespräch zwischen dem Prinzen und Emilia, Appianis Verwundung oder Tod, die Verführung Emilias durch den Prinzen. Das deutet wesentlich auf das Vorbild des aristotelischen und klassizistisch französischen Dramas hin; Shakespeare hätte gerade diese Handlungen auf der Bühne ausgestellt.

Der großzügig ausgelegten Einheit des Ortes entspricht eine genau eingehaltene Einheit der Zeit:

Einheit der Zeit

Das Stück beginnt bei Sonnenaufgang, der Prinz ist schon an der Arbeit und befiehlt seine Bediensteten zu sich. Es führt über die Messe bei den Dominikanern, also gegen 6.00 Uhr, ins Haus der Galottis am Vormittag. Nachdem sich Appiani und Marinelli dort gegen Mittag trennen, reisen beide nach Dosalo, der eine auf dem Weg nach Sabionetta, der andere zu seinem Prinzen. Sie treffen dort nach etwa zwei Stunden, berücksichtigt man die bekannten Entfernungen und die Verkehrsmittel, ein: das Opfer und sein Mörder. Die restlichen Stunden des Tages, also etwa ab 14.00 Uhr, stehen den verbleibenden drei Aufzügen, der eigentlichen Handlung, zur Verfügung. Am Nachmittag, Claudia Galotti und die Gräfin Orsina sind unterwegs nach Guastalla, wird Emilia von ihrem Vater erstochen. Zwischen dem Gespräch in der Messe und ihrem Tod liegen etwa zwölf Stunden.

Die Einheit des Ortes stellt ein kleines italienisches Fürstentum dar. „Auch

Einheit des Ortes

---

[35] Aristoteles: *Poetik*. 18. Kapitel

2.3 Aufbau

hier war Lessing so kühn, die Handlung in die Gegenwart zu verlegen."[36] Die erschließbaren historischen Fakten verweisen auf die Zeit um 1740. So ähnelt das Trauerspiel in der Handlungszeit jener des Lustspiels *Minna von Barnhelm*. Beide Stücke haben als Gemeinsamkeiten die Ehre: dort des Mannes, hier der Frau.

Dramaturgie des Stückes

Die Dramaturgie des Stückes ist eine glückliche Mischung. Repräsentieren der Prinz und sein Anhang das verspielt Höfische des französischen Trauerspiels, so stehen Emilia und ihre Familie für das ernsthaft Bürgerliche des englischen Trauerspiels. Aus dieser Mischung resultierte die Wirkung des Stückes. Zweitens kam die politische Brisanz des Themas hinzu, widmete es sich doch der widersprüchlichen Ehrauffassung von Hofadel und bürgerlich denkendem Adel. Das gehörte in das Vorfeld der Französischen Revolution. Schließlich sah der Zuschauer im Mätressen- und Mäzenatentum deutscher Fürsten etwas in der Sache Bekanntes, in dessen innere Vorgänge er Einblick bekam. Weil Lessing die konsequente Veränderung nicht gestaltete, weil er sie für die Lösung der Widersprüche in Deutschland nirgends sah, wurde es zu einem typisch deutschen Stück. Die moralische Integrität des einzelnen ließ sich bewahren, auch durch den Freitod, ohne dass eine politische Aktion des Volkes hätte notwendig werden müssen. Zeitgenossen wie Matthias Claudius fragten allerdings, ob es tatsächlich sinnvoll sei, um der anatomischen Unschuld willen einen Menschen zu ermorden und wie denn Emilia tatsächlich zum Prinzen gestanden habe, dessen Liebesgeflüster in der Kirche sie doch auffallend beeindruckte. Claudius fragte am 15. April 1772 im *Wandbecker Boten*, wie Emilia

---

36 Helmuth Nürnberger: *Geschichte der deutschen Literatur*. München: bsv 241992, S. 94

2.3 Aufbau

"so zu sagen bei der Leiche ihres Appiani an die Verführung eines andern und dabei an ihr warmes Blut denken konnte. Mich dünkt, ich hätte an ihrer Stelle halb nackt durch ein Heer der wollüstigen Teufel gehen wollen und keiner hätte es wagen sollen, mich anzurühren."[37]

Die dramaturgische Stellung von Emilias Verlobten, der von Odoardo als Geistes- und Wesensverwandter angesehen wird, ist ein Gegenentwurf zum Prinzen und zu Marinelli. Als Marinelli von Appiani fordert, Befehle entgegen zu nehmen und sich den Wünschen des Prinzen zu unterwerfen, lehnt dieser ab: „Ich kam an seinen Hof als ein Freiwilliger. Ich wollte die Ehre haben, ihm zu dienen: aber nicht sein Sklave werden. Ich bin der Vasall eines größern Herrn –" (S. 35) und das ist der Kaiser. Dabei weiß Appiani noch nicht einmal, dass der Befehl des Prinzen Bestandteil einer Intrige ist, die sich ausnahmslos gegen ihn richtet. Für Appiani ist die Eheschließung der Rückzug aus der Staatspolitik, von dem Dienst bei Hofe in ein privates Leben, das nur traditionellen Geboten rechenschaftspflichtig und verantwortlich ist. Appiani will sein natürliches Leben haben; Marinelli beschreibt es ironisch: „Er will mit seiner Gebieterin nach seinen Tälern von Piemont: – Gämsen zu jagen, auf den Alpen; und Murmeltiere abzurichten" (S. 13). Appiani ist von Emilia begeistert, weil sie dieser natürlichen Lebensführung zu entsprechen scheint; der Prinz ist in sie verliebt, weil diese Natürlichkeit sein erstarrtes Lebensprogramm verändern könnte, weil sie eine natürliche Schönheit ist. Dadurch ist Emilia allen überlegen: als Bild dem Bilde der schönen Orsi-

> Gegenentwurf

---

37 Vgl. dazu: Horst Steinmetz (Herausgeber): *Lessing – ein unpoetischer Dichter*. Dokumente aus drei Jahrhunderten zur Wirkungsgeschichte in Deutschland. Frankfurt a. M. – Bonn 1969, S. 89 und 246 f.

na, als Mensch der geschickten und politisch ambitionierten Orsina. Beide stehen sich gegenüber als Gegensatz von Mythos vom Schönen (Orsina) und Natur des Schönen (Emilia); im Kunstgespräch zwischen dem Prinzen und dem Maler Conti, das wie ein Gespräch über Lessings *Laokoon* anmutet, wird es erörtert. Während Conti aus den „Medusenaugen der Gräfin Gutes" auf seinem Bild gemacht habe (S. 7), also im Sinne des *Laokoon* Leidenschaften idealisiert hat, ist dem gleichen Conti Emilia „mein einziges Studium der weiblichen Schönheit" (S. 9), also ursprüngliche und natürliche Schönheit geworden.

Macht und Sinnlichkeit

Die Verknüpfung von Macht und Sinnlichkeit wird bereits in der Eröffnung erkennbar, als die Namensgleichheit einer anderen Frau eine Entscheidung des Prinzen beeinflusst, die sonst so nicht getroffen worden wäre. So ist sich der Prinz während des Verführungsversuchs auch keines Unrechts bewusst. Die Welt des Politischen wird in der Welt des Privaten mit den gleichen Mitteln fortgesetzt. Appiani ist durch die Praxis seiner unabhängigen Lebensführung eine Alternative zu den Galottis und zum Prinzen, durch den Rückgriff auf die Sittlichkeit des Natürlichen ein Aufklärer, aber nirgends ein Politiker. Auch von ihm sind Änderungen nicht zu erwarten; sein Tod ändert für die Perspektive der Lösung nichts, Emilia allerdings wäre die Flucht in seine „väterlichen Täler" nicht mehr möglich.

Bange Verlag

Tel.: 09274/94130
Fax: 09274/94132
e-mail: service@bange-verlag.de
www.bange-verlag.de

☐ Bitte senden Sie mir an die unten stehende Adresse laufend kostenlos Prospekte und Kataloge des C. Bange Verlags.

Versandanschrift: (01/2004)

Name, Vorname: ....

Kunde: ☐ Lehrer   Fach: ....
       ☐ Student ☐ Schüler ☐ Sonst.

Straße u. Nr.: ....

PLZ/Wohnort: ....

e-mail: ....

Bitte ausreichend frankieren

Antwort

C. Bange Verlag
Postfach 11 60

D-96139 Hollfeld

KÖNIGS LERNHILFEN

Diktat

- einsetzbar als Übungs- bzw. Prüfungsdiktat
- altersgerechte Sprache
- viele zusätzliche Übungen zur Grammatik und Rechtschreibung
- Lösungen im Anhang
- Verzeichnis zum schnellen Auffinden der Übungen
- in Anlehnung an die Lehrpläne

Bange
...leichter lernen!

Hiermit bestelle ich folgende Bände (mit 10 Tagen Rückgaberecht); Preisänderungen vorbehalten!

Anzahl		EURO
....	Diktate für das 2.-4. Schuljahr	13,90
....	Diktate für das 4.-5. Schuljahr	13,90
....	Diktate für das 5.-7. Schuljahr	14,90
....	Diktate für das 6.-7. Schuljahr	13,90
....	Diktate für das 8.-10. Schuljahr	13,70

Kurzdiktate im Westentaschenformat aus der Reihe „kurz & bündig"

....	Diktate für das 4. Schuljahr	5,00
....	Diktate für das 5. Schuljahr	5,00
....	Diktate für das 6. Schuljahr	5,00
....	Diktate für das 7. Schuljahr	5,00

....
Datum / Unterschrift (bei Minderjährigen der gesetzl. Vertreter)

2.4 Personenkonstellation und Charakteristiken

Emilia Galotti
gibt dem Stück den Titel, ist aber nur selten präsent. Meist wird Emilia als ein bürgerliches Mädchen bezeichnet; das ist falsch. Sie stammt aus dem Adel; ihr Vater ist ein hoher Offizier (Oberst) in Sabionetta – möglicherweise der Oberkommandierende –, der dem Prinzen Paroli bieten kann, als er das Fürstentum übernehmen will. Die Mutter hat Emilia in die Stadt gebracht, um sie ins höfische Leben einzuführen und einen Mann von Rang zu finden. Das ist mit dem Grafen Appiani auch gelungen. Im übrigen verkehrt man im Hause des Kanzlers Grimaldi, dem Treffpunkt des Adels, zu dem auch der Prinz kommt. Von bürgerlicher Herkunft ist ebenso wenig zu finden wie von bürgerlichem Leben, lediglich verarmter Adel sind die Galottis. Schon frühzeitig entstand Kritik an der Figurenanlage. Karl Lessing schrieb, nachdem er Teile des Manuskriptes kannte:

„Noch hast Du sie nur als fromm und gehorsam geschildert. Aber ihre Frömmigkeit macht mir sie – aufrichtig! – etwas verächtlich, oder, wenn das zu viel ist, zu klein, als dass sie zum Gegenstand der Lehre, des edlen Zeitvertreibs und der Kenntnis für so viele tausend Menschen dienen könnte ... noch hat sich keine Spur von Freidenkerei in ihre Religion eingeschlichen.“[38]

Im Stück repräsentiert sie den aufklärerischen Menschen, dessen Attribute Marinelli ihr ironisch zuordnet: „Ein Mädchen ohne Vermögen und ohne Rang ... aber mit vielem

> Im Stück repräsentiert sie den aufklärerischen Menschen

---

38 Brief Karl Lessings vom 3. Februar 1772 an Lessing. In: *Werke*, 1957, 9. Band, S. 498

2.4 Personenkonstellation und Charakteristiken

Prunke von Tugend und Gefühl und Witz" (S. 12). Marinelli macht die einzige Aussage über Emilias bürgerliche Haltung, denn eigentlich gehört die Familie Galotti zum niederen Adel des Fürstentums. Aber es fehlt das Vermögen; die ständische Stellung ist dadurch bestimmt; der einzige Reichtum Emilias sind ihre Schönheit, ihre Tugend, ihre Unschuld und ihr Witz. Das aber sind Zentralbegriffe der bürgerlich geprägten aufklärerischen Gesellschaftsentwürfe und Menschenbilder. Zusätzlich bekommt Emilia „Natur" zugesprochen, der zentrale Wert der europäischen Aufklärung. Emilia, im Besitz der „natürlichen" Fähigkeiten, will und soll sich durch die Heirat mit Appiani und ihren Weggang in dessen „väterliche Täler" vom Hofe und dem Prinzen entfernen, um, statt den feudal-höfischen Bedingungen gerecht zu werden, mit ihrem Manne „sich selbst zu leben" (S. 23). Es wurde der Schlachtruf des aufklärerischen Denkens.

In **Spannungsfeld von Tugend und Sinnlichkeit** ist Emilia eindeutig die modernste Figur, die sterben muss, weil die Zeit für sie nicht reif war:
Der **Prinz** ist sinnlich, ohne tugendhaft sein zu wollen; er kann es sich leisten, weil er die Normen bestimmt und Tugend nur in dem Maße vorhanden ist, wie sie seine Sinnlichkeit nicht begrenzt;
Appiani ist tugendhaft, ohne sinnlich zu sein; er ist die Personifikation des aufgeklärten Fürsten, der auch die Gefühle beherrschen kann;
Emilia möchte ihre Sinnlichkeit in den Grenzbereichen der Tugend als natürliches Verlangen ausleben, ohne die Tugend aufgeben zu müssen. Sie braucht dazu keine Ehe.

2.4 Personenkonstellation und Charakteristiken

Gräfin Orsina

Lessing war an der Figur besonders interessiert. Als sein Bruder Karl das Manuskript las, war er gespannt, "was Du von dem Charakter der Orsina sagen wirst ... Wenn er einer guten Schauspielerin in die Hände fällt, so muss er Wirkung tun."[39] – Von ihr wird viel gesprochen, aber nur im 4. Auftritt ist sie fast durchgehend anwesend. Ihre Anwesenheit in Dosalo ist Zufall und Schicksal in einem: Sie hatte den Prinzen hinbestellt, er aber den Brief nicht gelesen. Er wollte Emilia in Dosalo treffen, die Orsina kennt die Zusammenhänge nicht und nimmt des Prinzen Anwesenheit als Bestätigung für ihr Angebot. Andererseits ahnte sie von der neuen Leidenschaft des Prinzen, denn ihre Kundschafter hatten das Gespräch zwischen dem Prinzen und Emilia belauscht. Wenn schon nicht mit dem Prinzen leben, will sie wenigstens mit ihm sterben: Deshalb hat sie den Dolch für den Prinzen und das Gift für sich in ihrer Tasche, als sie nach Dosalo kommt. Eine andere Möglichkeit sieht sie darin, die Öffentlichkeit zu informieren ("Morgen will ich es auf dem Markte ausrufen." S. 63). Das ist ein Rest des Volksaufstands aus der Vorlage der Virginia. – Die Orsina hat ihre Vorläuferin in Marcia aus Samuel Crisps *Virginia* (1754), von der Lessing den 1. Auftritt übersetzte, und in Lessings Marwood (*Miss Sara Sampson*, 1755).

> Anwesenheit ist Zufall und Schicksal

Prinz von Guastalla

Er ist von bedeutender Veranlagung. Nicht zufällig weist die Kunstdiskussion mit Conti aus, dass er ausgeprägte ästhetische Kenntnisse und Vorstellungen von der Autonomie der Kunst hat. Dieser Prinz ist nicht tyrannisch, sondern außerge-

---

39 Brief vom 10. Februar 1772 an Karl Lessing. In: *Werke*, 1957, 9. Band, S. 500

2.4 Personenkonstellation und Charakteristiken

wöhnlich: Neben seinen staatspolitischen Geschäften, denen er sich schon am frühen Morgen widmet, hat er vielfältige Interessen. Lessings Bruder Karl beschrieb ihn nach der Lektüre des Manuskripts:

> *„Der Prinz von Guastalla ist, wie unsere guten Prinzen, klug, verständig, zurückhaltend, von heftigen Leidenschaften, verliebt oder ehrgeizig – diesen Leidenschaften opfern sie alles auf, so menschlich sie auch sonst sind."*[40]

Der Prinz ist voller Vertrauen in seine Untergebenen; er ist nicht launisch, sondern ein Priester der weiblichen Schönheit. Beim Übermaß der Gefühle verlässt ihn, menschlich verständlich, aber politisch verantwortungslos, sogar der Sinn für seine staatspolitischen Aufgaben, denen er sich nur widerstrebend stellt, weil er doch keine Glückseligkeit für alle schaffen kann. Das ist sein Konflikt, den er am Ende erkennt: Er möchte Mensch und muss doch Fürst sein; das schließt sich aus.

> Er möchte Mensch und muss doch Fürst sein

Der Prinz wird schuldig, da er alles gestattet, um seine Leidenschaft zu befriedigen, da er seine politische Stellung für seine menschlichen Neigungen ausnutzt. Ursache sind die gesellschaftlichen Verhältnisse: Sie geben ihm die Freiheiten, die er nutzt, und sie beschränken die Möglichkeiten der Galottis, von den sozial noch tiefer Stehenden zu schweigen. Sie sind bei Lessing nicht zu finden oder, falls sie als Dienerschaft agieren, nutzen sie den Freiraum aus, der durch die Verhältnisse für ihre kriminelle Energie entsteht. Die Meinung des Prinzen über die Verhältnisse, in die er hineingeboren wurde

---

40 Brief Karl Lessings vom 3. Februar 1772 an Lessing. In: *Werke*, 1957, 9. Band, S. 498

2.4 Personenkonstellation und Charakteristiken

und die er ständig durch seine Macht reproduziert, ist kritisch. Als Marinelli ihm die Fehler seines Gegenspielers Appiani vorstellt, da dieser mit Emilia ein „Missbündnis" (S. 13) schließe und ihm dadurch die ersten Häuser verschlossen seien, kontert der Prinz scharf: „Mit euren ersten Häusern! – in welchen das Zeremoniell, der Zwang, die Langeweile und nicht selten die Dürftigkeit herrschet." (S. 13)

Odoardo Galotti
ist von argwöhnischer Wachsamkeit, traut er doch dem Prinzen, dessen territoriale Ansprüche er nicht anerkannte, nicht über den Weg. Arm, ehrlich und bieder, das sind seine Kennzeichen. Vor allem aber weiß er um die Verführbarkeit seiner Tochter und sieht deshalb jeden ihrer Schritte ohne Aufsicht („Einer ist genug zu einem Fehltritt!" S. 19) mit großem Missvergnügen. Odoardo will nicht auf dem Lande die „Natur" leben; er ist einfach ein Landadliger und in seinen Wertvorstellungen noch weit von aufklärerischen Positionen Rousseaus entfernt. Wenn er die „väterlichen Täler" Appianis lobt, meint er dessen Befehlsgewalt in diesen Tälern (S. 23). Odoardos Tugend ist eine „strenge Tugend" (S. 23), die einem vorgegebenen Kanon unterworfen ist und keinen Raum für die Selbstbestimmung des Menschen lässt. Gerade das, was Emilias Vorzüge sind, was die Mutter an ihr lobt und was den Prinzen begeistert – „ihre Munterkeit und ihr Witz" (S. 24) als Tugenden der Aufklärung –, stört Odoardo. Die Hierarchie, in die er nicht zuletzt als Offizier eingebunden ist, gibt ihm keinen Blick für Emilias Wertvorstellungen. Wenn er sie schließlich seinen Tugendvorstellungen opfert, geschieht das mehr aus ritueller Verantwortung für Überholtes, weniger um Emilias neue Vorstellung von bürgerlicher Tugend zu bewahren. Er kennt nicht die auf-

> Strenge Tugend

2.4 Personenkonstellation und Charakteristiken

klärerische Radikalität eines Lessing, eines Moses Mendelssohn oder eines Friedrich Nicolai, weil seine Moralvorstellungen ländlich ständisch sind und zudem noch durch eine an Wahnsinn grenzende Exaltiertheit verzerrt werden, deren sich die Orsina zu bedienen weiß.

Marinelli

Die für die Handlung entscheidende Person ist der Kammerherr des Prinzen. Er könnte jener Mephisto sein, ohne dessen geistige Überlegenheit und Welterfahrenheit zu besitzen, den Lessing mit seinem *Faust*-Stoff kurz zuvor endgültig aufgab. Er steht für das Teuflische schlechthin. Aber mephistophelisch an ihm ist auch, wie er alle Handlungen in seiner Hand hält: Auch der Prinz ist seine Kreatur. Wenn Lessings Faust von den sieben Teufeln, die sich ihm anbieten, jenen erwählt, der so schnell ist „als der Übergang vom Guten zum Bösen"[41], weil dieser am schnellsten sei, hat er jenen schmalen Grat beschrieben, auf dem sich alle Gestalten der *Emilia Galotti*, mit Ausnahme Appianis, bewegen; Marinelli aber bestimmt deren Wanderung. Als der Prinz alle Zusammenhänge und die Folgen erkennt, ruft er Gott an und beklagt sich über sein Schicksal als Fürst, der nicht Mensch sein darf, und über die Menschen, die Teufel seien („... müssen sich auch noch Teufel in ihren Freund verstellen." S. 83). Hier klingt die Beschäftigung Lessings mit Faust nach. Als Höfling steht Marinelli dem Prinzen am nächsten. Das aber bedeutet auch seine vollständige Abhängigkeit von den höfischen Gesetzen. Insofern ist er ein Gegenspieler Appianis, deshalb hasst er ihn auch: Über nichts ist er besser informiert als über die Heirats-

> Er steht für das Teuflische schlechthin

---

41 Lessing (BDK), 5. Band, S. 264

2.4 Personenkonstellation und Charakteristiken

und Lebensabsichten Appianis. Solange dieser am Hof ist und für Dienste beim Prinzen bereit steht, beeinträchtigt er Marinellis uneingeschränkten Einfluss. Für ihn ist der Prinz in gleicher Weise ein Objekt wie Appiani oder Emilia. Menschen sind für ihn nur so interessant, wie sie sich benutzen lassen, um die Stellung in der feudalen Hierarchie zu bewahren, zu festigen und auszubauen. Dramaturgisch gesehen ist er ein typischer Intrigant; soziologisch ist er nicht an die höfisch-feudale Struktur gebunden, politisch findet er sich in jeder Machtgruppierung bis in die Gegenwart als ein offizieller Sprecher, dem die Lüge wie die Demagogie zu selbstverständlichen Normen seiner Repräsentanz geworden sind.

Gräfin Orsina

ist die Mätresse des Prinzen, die verdrängt wird, als sich der Prinz für Emilia begeistert. Es ist zu einfach, Lessings Stück als eines gegen das Mätressenwesen oder -unwesen zu lesen. Die Mätressen waren in jener Zeit politisch und gesellschaftlich hochstehende und anerkannte Personen, die gerade politische Entwicklungen wesentlich mitbestimmten. Sie verfügten oft über jenen Geist, den die aus degenerierten Fürstenhäusern stammenden und durch Absprachen verheirateten fürstlichen Frauen nicht besaßen. Während der Entstehungszeit der *Emilia Galotti* lebte Gräfin Cosel (1680–1765), eine der einflussreichsten Frauen dieser Zeit, verbannt in Stolpen. Die Marquise de Pompadour (1721–1764) bestimmte die Politik in Frankreich; der Siebenjährige Krieg, an dem Lessing teilgenommen hatte, war auch ihr Werk. Orsina entspricht ihnen, wird als eine „Philosophin" bezeichnet und weiß mit den Hebeln der Macht sensibel umzugehen. Ohne gesellschaftliche Anerkennung hätte sie nicht den Obersten Odoardo Galotti für ihre

> Philosophin

2.4 Personenkonstellation und Charakteristiken

Pläne gewinnen können. Ohne Orsina hätte es auch keine Lady Milford (Schiller *Kabale und Liebe*) gegeben, obwohl für sie auch die Mätressen des Herzogs Karl Eugen von Württemberg Vorbild waren. Die Orsina besitzt so viel Selbstbewusstsein, dass sie daran denken kann, das Volk „morgen" auf dem Markt aufzustacheln, „wer mir widerspricht, der war des Mörders Spießgeselle" (S. 63). Das kann jemand, der im Verborgenen wirkt und keine Anerkennung genießt, nicht sagen. Dass ihre Aktion der Mobilisierung des Volkes nicht im Stück auftaucht, bedeutet nicht, sie habe nicht stattgefunden: Das Stück schließt vor dieser Aktion. Dass Lessing sie nicht aufnahm, war allerdings auch den deutschen Verhältnissen verpflichtet, in denen solche Aktionen in der Regel erfolglos waren oder das Gegenteil vom Gewollten erreichten.

Graf Appiani

ist soziologisch die interessanteste Figur: Er stammt aus einer angesehenen adligen Familie, die reichsunmittelbar ist und sich deshalb anderen Fürsten verdingen, aber sich auch jederzeit von ihnen lösen kann. Die „väterlichen Täler", über die er regiert, erscheinen allein durch diese Formulierung und ihre Abgeschiedenheit als ländlich sittlich und tugendhaft, also „natürlich". Er hat in dieser Ländlichkeit Toleranz und Verantwortungsgefühl erworben; deshalb kann er sich auch der „natürlichen" Frau zuwenden und muss auf höfische Prinzipien keine Rücksicht nehmen. Er stellt die Alternative zum Prinzen dar, indem er sich aus den höfischen Normen löst und sein Leben in natürlicher Abgeschiedenheit führen will, hinter der sich Haltungen Rousseaus erkennen lassen. Die Differenziertheit des Adels wird in diesem gegensätzlichen Paar deutlich. In Appiani ist jener aufgeklärte Fürst zu sehen, der

2.4 Personenkonstellation und Charakteristiken

das unerfüllte Ziel aufklärerischer Erziehung war. Ermöglicht wird es durch eine eindeutige Ablehnung der höfischen Lebensumstände. Für Emilias Tugend, die sich in erfüllter Sinnlichkeit aufheben möchte, ist er nicht zuständig. Als sich diese Frage stellt, ist er schon tot. Allerdings wird das soziologische Interesse an Appiani geschwächt durch seine dramaturgische Farblosigkeit. Sie wird am greifbarsten in der Beziehung zu Emilia, die zwischen traumhafter Verklärung und mangelnder Zärtlichkeit pendelt, ohne jemals die Normalität eines Brautpaares zu erreichen. Vergleicht man Appianis Zuneigung zu Emilia mit des Prinzen stürmischer Bewunderung und bedrängender Sinnlichkeit, wird verständlich, dass sich Emilia ihrer Standhaftigkeit nicht sicher ist.

> Ziel aufklärerischer Erziehung

2.5 Sachliche und sprachliche Erläuterungen[42]

Emilia Galotti: (S. 1) Der Vorname der Titelgestalt ist identisch mit der Bezeichnung für die Landschaft Emilia im Norden Italiens, wird aber auch als Name mit der Bedeutung „die Eifrige, die Fleißige" und „die Schmeichlerin" gebraucht. Der Familienname weist ebenfalls auf Italien.

Trauerspiel: (S. 1) erst im 17. Jahrhundert verwendet für Tragödie, Begriff des aufstrebenden Bürgertums. Die Tragödie war die wichtigste Gattung des Dramas und wurde geprägt von einem Konflikt, der nicht ohne die zumeist unverschuldete Niederlage einer Konfliktseite gelöst werden kann, oder, wenn man ihn löst, immer einen der Betroffenen vernichtet.

1. Aufzug
1. Auftritt

Gonzaga: (S. 3) Einerseits ist es ein Fürstengeschlecht, das sich bis auf Kaiser Lothar zurückführt. Zum anderen ist der Name literarisch bekannt. In Shakespeares *Hamlet* spielt die Handlung der Schauspielertruppe bei einem Gonzago: „... die Geschichte ist vorhanden und in auserlesenem Italienisch geschrieben. Ihr werdet gleich sehen, wie der Mörder die Liebe von Gonzagos Gemahlin gewinnt." (Hamlet III, 2)

Prinz: (S. 4) nach lat. „princeps" – der Erste, ital. „principe", bedeutete bis in das 19. Jh. „Fürst". – Federigo II. Gonzaga von Mantua hatte 1530 von Kaiser Karl V. die Herzogswürde erhalten. Sein Bruder Ferrante erhielt die Grafschaft Guastalla in der Poebene. Ein Hettore Gonzaga, Prinz von Guastalla, ist in der Geschichte nicht bekannt. Das regierende Haus Gonzaga-

---

[42] Die Seitenangaben beziehen sich auf die Textausgabe des Stücks bei Königs Lektüren, Band 3004, Hollfeld 2000

2.5 Sachliche und sprachliche Erläuterungen

Guastalla starb 1746 mit Herzog Joseph Maria von Guastalla und Sabionetta aus, die Linie Sabionetta war bereits 1703 erloschen. Maria Theresia zog das Fürstentum daraufhin ein; es wurde 1748 dem spanischen Infanten Don Philipp als Herzog von Parma überlassen.

Emilia Bruneschi: (S. 4) (gesprochen „Bruneski") Lessing hatte aufwendig in der *Hamburgischen Dramaturgie* über zehn Kapitel das Drama *Das Leben hingeben für seine Gebieterin, der Graf von Sex (Essex)* des Spaniers Antonio Coello († 1652) besprochen. Im 65. Stück sagt Elisabeth, die eine Bittschrift eines Grafen Felix bekommt, weil sie damit an den geliebten Essex erinnert wird: „Muss es denn eben von einem Grafen sein, was mir zuerst vorkömmt!" Lessing, der diesen Einfall als „vortrefflich" begrüßt, kommentiert: „Auf einmal ist sie wieder mit ihrer ganzen Seele bei demjenigen Grafen, an den sie itzt nicht denken wollte."

Marchese: (S. 4) (gesprochen Markese), hoher ital. Adelstitel zwischen Herzog und Graf, verwandt dem franz. Titel „Marquis" und möglicherweise dem deutschen „Markgraf".

Gräfin Orsina: (S. 4) Der Name der Gräfin erinnert an das weit verzweigte (sieben Linien), berühmte römische Fürstengeschlecht der Orsini, aus dem mehrere Päpste, Kardinäle, Staatsmänner und Feldherren hervorgingen. Diese hochrangige Herkunft erklärt es, dass sich der Marchese Marinelli als ihr „Vertrauter" bezeichnet (S. 11). Marinelli verdankt seinem Namen Pierre Bayle, einem französischen Frühaufklärer, den Lessing überaus schätzte. Galotti bekam seinen Vornamen Odoardo nach dem italienischen Novellendichter Matteo Bandello (etwa 1480 – nach 1561), der am Hofe Pirro Gonzagas in Gazzuolo lebte.

Villa: (S. 4) „auf ihrer Villa" bedeutet, auf einem repräsentativen Landsitz zu sein. Einzelne dieser Villen sind in die Literaturgeschichte eingegangen wie die Villa Albani, die Villa Borghese, die Villa Massimo, die Villa d'Este und die Villa Falconieri (bei Richard Voß).

2. Auftritt
die Kunst geht nach Brot: (S. 5) Der Satz des Malers Conti ist zum geflügelten Wort geworden. Er besagt, dass die oft beschworene Autonomie der Kunst eingeschränkt und von den sozialen und materiellen Bedingungen abhängig ist, unter denen sie entsteht. Sie wird bestimmt vom Mäzenatentum und vom Auftragswesen. Vor Lessing hatte bereits Luther in seinen „Tischreden" vermerkt: „So wohlfeil ist jetzt die Kunst, dass sie schier muss nach Brot gehen."
in meinem kleinen Gebiete: (S. 5) Hier ist an die Kleinstaaterei in Italien und Deutschland zu denken, die bis 1803/1806 noch in voller Blüte stand und in Deutschland mehr als 330 selbstständige Gebiete umfasste, ehe Napoleon sie einschränkte. Aber solche kleinen Staaten, deren Herrscher (Duodezfürsten) sich, wie auch die Braunschweiger, meist als Generäle in fremde Dienste verdingten (Preußen), entwickelten teilweise eine hohe Kultur des Mäzenatentums, wie ansatzweise Braunschweig oder wenig später vor allem Sachsen-Weimar-Eisenach, Sachsen-Meiningen und andere belegen.
nicht Vieles; sondern viel: (S. 5) spielt auf das lat. Sprichwort „multum, non multa" (viel – d. h. gründlich –, nicht vielerlei) an, das Plinius d. J. in einem Brief an seinen Freund Fuscus als eine Art Wahlspruch schrieb.

3. Auftritt
Bild: (S. 6) Mit der Betrachtung des Bildes der Gräfin Orsina wird ein Kunstgespräch vorbereitet, in dem der Prinz Positionen Lessings vertritt. Im 2. Kapitel des *Laokoon* äußert sich

2.5 Sachliche und sprachliche Erläuterungen

Lessing zum Porträt:

"Der mittelmäßigen Porträts sollten unter den Kunstwerken nicht zu viel werden. Denn obschon auch das Porträt ein Ideal zulässt, so muss doch die Ähnlichkeit darüber herrschen; es ist das Ideal eines gewissen Menschen, nicht das Ideal eines Menschen überhaupt."

4. Auftritt

Anzüglichsten: (S. 6) Anziehendsten. Mit diesem Begriff wird das Kunstgespräch eröffnet, das den gesamten 4. Auftritt bestimmt.

die plastische Natur: (S. 6) Die Bildnerin Natur arbeitet nach einem Modell, das durch Naturgesetze vorgegeben ist. Lessing argumentiert vorsichtig mit „wenn es eine gibt" im Sinne einer selbstständigen natürlichen Schöpfung.

Abfall: (S. 6) Abstrich, Abzug. Die Kunst schafft Vollkommenheit, d. h. sie erhebt sich auch über eine unzulängliche Wirklichkeit und verwirklicht ein Ideal, das die Natur nicht erreichte. In diesen Begriffen – das Anziehendste, die plastische Natur und der Abstrich – werden Bestandteile der Widerspiegelungstheorie Lessings erkennbar. Das sind Prinzipien der sich entwickelnden klassischen Literatur und Kunst, die in deutlichem Widerspruch stehen zur Kunst des 19. Jahrhunderts, das mit dem Naturalismus den entschiedenen Gegensatz dazu entwickelte, indem die Schönheit keine bestimmende ästhetische Kategorie mehr war und das Hässliche als Gegenstand der Kunst eingeführt wurde.

Grazie: (S. 7) römische Göttin der Anmut; die drei Grazien, darunter Thalia, begleiteten Aphrodite, Dionysos und Apoll und hielten sich gern bei Musen und Horen auf. In Griechenland, dort Chariten genannt, wurden sie kultisch verehrt.

2.5 Sachliche und sprachliche Erläuterungen

ein schöner Mund ... den wollüstigen Spötter: (S. 7) Der Prinz führt hier ein Kunstgespräch mit Conti, das sich eng an Lessings *Laokoon* (1766) anschließt. Es geht um die Frage des Verhältnisses von Schönheit und Verzerrung, dem Inhalt des 2. Kapitels des *Laokoon*. Selbst der als Beispiel gewählte Mund findet sich dort, bezogen auf die Laokoon-Gruppe. – Eine weite Öffnung des Mundes in Malerei oder Bildhauerei sei Fleck oder Vertiefung, „welche die widrigste Wirkung von der Welt tut". Der Prinz würde einen spöttisch verzogenen Mund akzeptieren, sieht aber, weil er die Gräfin abwerten will, nunmehr nur eine Grimasse.

Medusenaugen: (S. 7) Die Medusa war die sterbliche der drei Gorgonen. Wen sie anblickte, der erstarrte zu Stein. Deshalb verwandte Perseus, als er ihr das Haupt abschlug, einen Spiegel, in den er sah. Aus dem Rumpf der sterbenden Medusa, die von Poseidon schwanger war, sprang Pegasus, das Dichterross. – Conti setzt gegen die Medusenaugen kurz darauf die „Augen der Liebe", mit denen der Künstler male.

Stolz haben Sie in Würde ... Schwärmerei in sanfte Schwermut verwandelt: (S. 7)
Im 2. Kapitel des *Laokoon* beschreibt Lessing das Prinzip der antiken bildenden Künste, der „großen alten Meister", nur Schönes zu schildern und Vollkommenheit anzustreben, selbst Unschönes, wird es zur Gestaltung nötig, auf ein erträgliches Maß zu beschränken.

Vegghia: (S. 8) ital., heute: veglia, Abendgesellschaft

heilige Stätten: (S. 8) Emilia besucht täglich die Messe in der Kirche Allerheiligen bei den Dominikanern; unweit davon wohnen Emilia und ihre Mutter.

Sabionetta: (S. 8) eine Linie der Gonzaga, die 1703 ausstarb, wodurch das regierende Haus Gonzaga-Guastalla Ansprüche darauf anmeldete: 1708 erbte Herzog Vincenzo Gonzaga das am linken Ufer des Po gelegene kleine Fürstentum und vereinigte es als kaiserliches Lehen mit Guastalla.

alter Degen: (S. 8) ein alter Soldat, Krieger, Held (Haudegen!)

Künstler dann erst recht lobt: (S. 8) Das Kunstgespräch wird fortgesetzt; nach der Methode geht es nun um die Anerkennung. Hier sind Positionen Lessings aus verschiedenen Schriften, vor allem aber aus der *Hamburgischen Dramaturgie* zu finden. Im 36. Stück wird der Gedanke mehrfach variiert und belegt, dass das „wahre Meisterstück" seinen Schöpfer vergessen mache, wir deshalb wohl auch nichts von Homer wüssten: „Er bringt uns unter Götter und Helden, wir müssten in dieser Gesellschaft viel Langeweile haben, um uns nach dem Türsteher so genau zu erkundigen, der uns hereingelassen."

Raphael/Raffael: (S. 9) Raffaelo Santi (1483–1520), italienischer Maler und Baumeister (Peterskirche) der Hochrenaissance. Leonardo und Fra Bartolomeo beeinflussten ihn. Berühmt sind Gemälde wie die Sixtinische Madonna (Dresden) und die Madonna della Sedia (Florenz). Er gilt als der heitere Gegenpol zu seinem ebenso berühmten Zeitgenossen Michelangelo. Wenn Conti R. nennt und als „das größte malerische Genie" bezeichnet, bedeutet das eine Grundsatzentscheidung für eine vollkommene, jedoch heitere Kunst.

Schilderei: (S. 9) Bild, Gemälde

Kunst nicht nach Brot gehen: (S. 10) Mit dieser Bemerkung des Prinzen endet das Kunstgespräch, in dem sich der Prinz als wohlwollender Mäzen zu erkennen gibt, dessen ästhetische Ansichten denen Lessings ähnlich sind. Sein Mäzenatentum geht so weit, dass in seinem Lande die Kunst nicht nach Brot gehe, sondern nach ihrer Bedeutung gewürdigt werde.

5. Auftritt

Werk der Kunst/Meisterstück der Natur: (S. 10) Entgegen der Positionen im Kunstgespräch, bei dem das künstlerische Abbild zum Ideal geriet, wird das Ideal nun der Natur zugebilligt. Es wird deutlich, dass des Prinzen Interesse weniger dem schönen Bild, desto mehr seinem natürlichen Original gehört.

neidisch: (S. 10) das Bild nur sich selbst gönnend, auch: eifersüchtig

6. Auftritt

Massa: (S. 11) ital. Provinz in der Toskana mit der gleichnamigen Hauptstadt an der Straße Genua-Lucca. Das Fürstentum blieb bis 1879 souverän.

Geliebte: (S. 11) Eheschließungen bei Regierenden waren in erster Linie politische Entscheidungen. Neben der Ehefrau (Gemahlin) war es an der Tagesordnung, dass eine Geliebte (Mätresse) mitbestimmte. Sie hatte oft beträchtlichen Einfluss auf die Politik, wie zur Zeit Lessings die Marquise de Pompadour (1721–1764), die als Geliebte Ludwigs XV. von Frankreich wesentlich den Krieg gegen Friedrich II. von Preußen bewirkte. Sie ernannte sogar Generale, Ministerien hingen von ihren Launen ab. Ähnlich berühmt wurden die Gräfin Cosel am Hofe Augusts des Starken in Dresden, die Gräfin Lichtenau – wie die Trompetertochter Wilhelmine Encke als geadelte Geliebte Friedrich Wilhelm II. von Preußen (1744–1797) hieß – in Potsdam und andere. Eine solche Geliebte war auch die Orsina und sollte Emilia werden.

Piemont: (S. 13) lat.: Pedimontium (am Fuß der Berge liegendes Land), Landschaft in den ital. Westalpen, Oberitalien, an der Grenze zu Frankreich und der Schweiz. P. gehörte seit

2.5 Sachliche und sprachliche Erläuterungen

1720 zum Königreich Sardinien. „Fürst von Piemont" war der Titel der ital. Kronprinzen.

Dosalo: (S. 16) eigentlich Dósolo, ein Landgut am Po gelegen, am Wege nach Sabionetta etwa 10 km von Guastalla entfernt. Im Stück Handlungsort des 3. bis 5. Aufzugs als „Lustschlosse des Prinzen" (S. 37).

7. Auftritt

Dominikaner: (S. 17) ein 1215 von Dominicus gestifteter und 1216 vom Papst bestätigter Mönchsorden, der sich als Bettelorden verstand. Bedeutende Gelehrte gingen aus ihm hervor: Albertus Magnus, Thomas von Aquino, Meister Eckardt, Savonarola u. a. Verhasst und gefürchtet wurde der Orden, nachdem ihm die Inquisition übertragen worden war. Wenn der Prinz versucht, in diesem Umkreis Emilia zu gewinnen, verstößt er gegen alle Regeln des Ordens, die er natürlich kennt. Es muss sich deshalb um eine außergewöhnliche Leidenschaft handeln, die den Prinzen beherrscht.

8. Auftritt

Ausfertigung *anstehen* lassen/*Anstand* damit haben bis morgen: (S. 17, 18) bedeutet in beiden Fällen, den endgültigen und förmlichen Abschluss aufzuschieben. Die Verwendung der zusammengehörigen Begriffe „anstehen/Anstand" in zwei kurz nacheinander behandelten Vorgängen, aber von unterschiedlichen Personen weist auf den grundsätzlichen Unterschied hin: Im ersten Fall geht es um eine beiläufige Bevorzugung, im zweiten um ein Todesurteil. Der Prinz kann in seiner Verwirrung beide nicht mehr auseinander halten, so muss sich der Rat Camillo Rota einer prinzlichen Weisung bedienen, um Schlimmstes zu verhüten.

2.5 Sachliche und sprachliche Erläuterungen

2. Aufzug
1. Auftritt
Pirro: (S. 19) Der Name des Dieners der Galottis ist identisch mit dem Vornamen jenes Gonzaga, bei dem Matteo Bandello im Dienste stand. Es wird erkennbar, wie Lessing gebräuchliche und ihm bekannte Materialien im Stück „zitierte" bzw. sie in das Stück einbrachte. Bandello schrieb über Lucretia eine Novelle (1554), die den Verführer in Leidenschaft verstrickt, aber als unritterlichen Menschen zeigt, wie er sich auch in Lessings Prinzen darstellt.

2. Auftritt
Glück des heutigen Tages: (S. 19) Es ist der Tag von Emilias Hochzeit, die auf dem Landgut der Galottis vorbereitet wird. Von dort kommt Odoardo. Gleichzeitig wird dramaturgisch Spannung entwickelt: Das Glück Odoardos wird bis zum Abend in Tod und Entsetzen umschlagen; Emilias Wunsch, „Gnade von oben zu erflehen", folgt einer Ahnung davon, spräche sie doch sonst von „Gnade erbitten". Odoardo weiß um Emilias Verführbarkeit, hält er doch schon einen Schritt aus dem Hause für „genug zu einem Fehltritt".

3. Auftritt
Pisa: (S. 21) Hauptstadt der italienischen Provinz Pisa in der Toskana
Ring: (S. 21) In Lessings *Nathan der Weise* wird in der Ring-Parabel ein „Ring von unschätzbarem Wert" beschrieben, der den edlen Menschen auszeichnen soll. Hier ist ein vergleichbarer Ring nur schwer zu verkaufen, „er war zu kostbar" und machte die Verbrecher verdächtig.
Pistolen: (S. 21) ehemalige spanische, von Philipp II. einge-

führte Goldmünze, zuerst unförmig, seit 1730 rund. Die deutsche Pistole war 5 Taler Gold wert. – Der Verkauf eines Rings brachte den Räubern ebenso viel Geld ein wie Lessing im gesamten Jahr als Bibliothekar in Wolfenbüttel erhielt (600 Reichstaler Silber).

4. Auftritt
in seinen väterlichen Tälern sich selbst zu leben: (S. 23) Es ist der von Rousseau beeinflusste Plan eines natürlichen Lebens, in dem auch die Freiheit und Gleichheit des Menschen wiedererlangt wird. Dieser aufklärerische Standpunkt steht im Gegensatz zu der höfischen feudalen Welt und ihren Zerstreuungen. In Diderots *Enzyklopädie* finden sich mehrere Artikel, die mit Appianis Prinzip korrespondieren, so der unter dem Stichwort „Natürliche Freiheit":

> *"... natürlicherweise werden alle Menschen frei geboren; das heißt, sie sind nicht der Gewalt eines Herrn unterworfen, und niemand hat auf sie ein Eigentumsrecht. Auf Grund dieses Zustandes haben alle Menschen von Natur aus das Vermögen, zu tun, was ihnen gut erscheint, und nach ihrem Willen über ihre Handlungen und ihre Güter zu verfügen ...".*

Grimaldi: (S. 24) Der Kanzler des Prinzen stammt aus einem verzweigten namhaften Adelsgeschlecht Genuas, zu dem auch die heutige Fürstenfamilie von Monaco gehört, allerdings ist die männliche Linie derer von Monaco 1731 erloschen. Grimaldis waren Seeoffiziere, Admirale, päpstliche Würdenträger und Politiker in genuesischen oder päpstlichen Diensten, aber auch Abenteurer und Seeräuber.

2.5 Sachliche und sprachliche Erläuterungen

6. Auftritt
sündigen: (S. 26) Emilia gesteht, dass sie die Sünde (sündigen wollen) als Möglichkeit gespürt hat. Der Antrag des Prinzen, der zwar lasterhaft ist, hat sie nicht unberührt gelassen. „Strafbares" sieht sie deshalb an sich nicht. Das Gespräch, das beide geführt haben, ist geheimnisvoll und scheint in vollkommener Verwirrung geführt worden zu sein. Das Gespräch wird zum ständigen erregenden Moment des Trauerspiels, ein jeder weiß anderes von ihm zu berichten.
das heilige Amt: (S. 26) die heilige Messe
Die Furcht hat ihren besonderen Sinn: (S. 27) Diesen Satz hatte Lessing ursprünglich der Emilia zugedacht, die damit sagen sollte, „dass sie nun wohl sehe, die Furcht habe sie getäuscht"[43].

7. Auftritt
das Muster aller männlichen Tugend: (S. 29) Hier sind Natürlichkeit und moralisches Tun, Einhaltung der Normen und Verantwortungsbewusstsein zu verstehen; weibliche Tugend konzentriert sich auf jungfräuliche Unberührtheit.
Perlen bedeuten Tränen: (S. 30) Das Wort ist sehr viel älteren Ursprungs und gehört zum mythischen Aberglauben. Karl Lessing merkte an, dass sich dieser Satz Emilias nicht mit ihrer Strenggläubigkeit als Katholikin vertrage.[44] Lessing verteidigte sich geschickt und meinte, Emilia glaube wie ihre Mutter nicht an den Traum, habe aber größeren Geschmack an Perlen denn an Steinen. So macht sie ihren Verlobten aufmerksam, in Zukunft keine Geschmeide mit Steinen, sondern

---
43 Brief an Karl Lessing vom 10. Februar 1772. In: *Werke*, 9. Band, S. 497 als Antwort auf einen Brief Karl Lessings (Vgl. ebd., S. 498).
44 Vgl. Brief Karl Lessings vom 3. Februar 1772 an Lessing. In: *Werke*, 9. Band, S. 498: „Sie ist Katholikin. – Mag sie doch! Sie redet aber von den Bedeutungen der Perlen im Traum."

mit Perlen zu schenken. Eine Variation des Verhältnisses von Freuden und Tränen findet sich auch im Psalm 126: „Die mit Tränen säen, werden mit Freuden ernten."
Locken, wie sie die Natur schlug: (S. 31) Das Haar wird natürlich getragen und nicht durch eine Perücke verdeckt. Der Begriff „Natur" meint die gesamte Lebensauffassung. Appiani ist der Vertreter dieser „Natur".

8. Auftritt
Perlen bedeuten Tränen: (S. 31) Das Sprichwort, meist nach Lessings Stück in Sammlungen geflügelter Worte zitiert, nimmt Appiani erneut, nachdem Emilia es verwendet hat, auf und gibt ihm die Bedeutung, dass sich Perlen mit Schmerz und Leiden verbinden. Es wird nun zum Leitmotiv des Stücks.
die Zeit nur außer uns wäre: (S. 31) Der Mensch in der Zeit wird zu einem Problem der Aufklärungsphilosophie, weil seine Endlichkeit beschreibbar wird.

10. Auftritt
Herzog von Massa: (S. 33) vermutlich der Herzog Hercules III.
Vasall eines größern Herrn: (S. 35) Appiani hat seinen Besitz im Fürstentum Piemont und ist so Vasall des dortigen Herrschers, der in der Regel der Kaiser, nach dem Zerfall des Heiligen Römischen Reiches Deutscher Nation der italienische Kronprinz war. Gleichzeitig ist aber „größern Herrn" eine Metapher, die für Gott oder Göttliches verwendet wird. Sie findet sich auch in Dantes *La Vita Nuova* („Ecce deus fortior me, qui veniens dominabitur mihi.")[45] und meint den Gott der Liebe. Appiani ist Vasall des Kaisers und im Angesicht der Hochzeit Vasall des Gottes der Liebe; beide verhindern, dass Appiani den Prinzen als Herrn anerkennen kann.

---
45 Dante Alighieri: *Das neue Leben*. Italienisch und Deutsch. Leipzig 1965, S. 7

2.5 Sachliche und sprachliche Erläuterungen

ich fordere Genugtuung/Spaziergange: (S. 35 f.) Nachdem Appiani den Marchese Marinelli mehrfach als Affen bezeichnet hat, fordert ihn dieser zum Duell. Appiani bietet ihm trotz der Hochzeit den „Spaziergange" sofort an; er ist sich seines Sieges sicher.

3. Aufzug
1. Auftritt
beschied er mich: (S. 38) Marinelli lügt erneut. Appiani wollte sich sofort duellieren; Marinelli aber erzählt, es wäre acht Tage nach der Hochzeit festgelegt worden. So will er dem Duell entgehen, da er um den bevorstehenden Tod Appianis weiß.
selbst funfziger: (S. 38) mit fünfzig Leuten, selbst dabei der Fünfzigste, auch: mit einer Überzahl von Leuten. Erhalten geblieben in Wendungen wie „Fuffziger" (mundartlich) oder „falscher Fuffziger" (für einen unaufrichtigen Menschen).

2. Auftritt
nicht so ganz unbereitet: (S. 40) Der Überfall geschah heimtückisch. Hätte Appiani einem einzelnen Gegner gegenübergestanden, wäre er Sieger geblieben. Das Duell bekommt nun eine dramaturgische Funktion. Der Mörder Angelo muss anerkennen, dass Appiani gut gekämpft hat. Aber nachdem er den angreifenden Nicolo besiegt hatte, wurde er von Angelo heimtückisch erschossen.

3. Auftritt
nicht ein Wort auspressen: (S. 42) Der Prinz gibt hier seine Schilderung des Gesprächs mit Emilia. Es wird mehrfach beschrieben (II, 6; IV, 5; IV, 7), aber stets anders. Nach dieser Schilderung hat Emilia nicht geantwortet; nach einer frühe-

2.5 Sachliche und sprachliche Erläuterungen

ren Beschreibung haben beide miteinander gesprochen, können sich aber nicht erinnern, was sie sagten. Die Spione der Orsina haben dagegen den Wortlaut des Gesprächs gehört. Welche Fassung stimmt, ist nicht zu entscheiden.

4. Auftritt
ein glückliches Unglück: (S. 43) eine Zusammenstellung sich scheinbar widersprechender Begriffe, Oxymoron oder auch Contradictio in adjecto (Widerspruch in sich selbst) genannt; stilistische und rhetorische Figur nach dem Modell „beredtes Schweigen".

5. Auftritt
sprachlose Bestürzung: (S. 45) Der Prinz bietet erneut seine Version des Gesprächs mit Emilia am Morgen. (s. 3. Auftritt, S. 42). Es wird deutlich, dass er ihr eine Liebeserklärung gemacht hat.

Entzückungen: (S. 46) Der Prinz verspricht Eindeutiges, Liebeslust und Unterhaltung. Obwohl Emilia ahnt, dass ihr Bräutigam gerade getötet worden ist, lässt sie sich zu diesen „Entzückungen" führen, „nicht ohne Sträuben". Das ist das Verhalten eines noch jungfräulichen Mädchens, das damit seinen Wert erhöhen, gleichzeitig aber Takt und Sitte kundtun möchte; es ist nicht der Kampf der verwitweten Braut um ihre Tugend, der konsequenter sein müsste.

verhindern, dass sie nicht gestöret werden: (S. 46) Marinelli wird dafür sorgen, dass sie nicht gestört werden. Noch im 18. Jahrhundert folgte einem Verb mit negativer Bedeutung eine eigentlich überflüssige, pleonastische Negationspartikel, in diesem Falle „nicht".

6. Auftritt
etwas von einer Schwiegermutter zu sein: (S. 47) Ist die Tochter die Mätresse des Prinzen, darf sich ihre Mutter „etwas" als Schwiegermutter fühlen; tatsächlich und juristisch wird sie es nie, denn der Prinz wird Emilia nicht heiraten: Sie ist als Mätresse vorgesehen und wäre außerdem nicht standesgemäß, verglichen etwa mit der Prinzessin von Massa. Nicht einmal für Appiani wäre sie standesgemäß gewesen; auch deshalb wollte sich Appiani aus dem Fürstentum zurückziehen.

8. Auftritt
Es ist klar: (S. 49) Emilias Mutter durchschaut Schritt für Schritt den Anschlag und die Verantwortlichen, von denen Marinelli ihr zum Hauptfeind wird.

4. Aufzug
1. Auftritt
Vorsatz und Zufall: alles ist eins: (S. 52) Marinelli wendet zeitgenössische philosophische Positionen, die materialistischer Herkunft sind (Voltaire, Diderot), pragmatisch und populistisch auf sein Verbrechen an. Das Gespräch um Zufall oder Schicksal („Nichts unter der Sonne ist Zufall ...", S. 59) wird im 3. und 4. Auftritt des 4. Aufzuges von Marinelli und Orsina weitergeführt.

Grund meines Gebäudes untergrub: (S. 54) Dass das Verbrechen schnell bekannt sein wird, liegt am Prinzen. Marinellis Vorbereitungen gingen davon aus, dass weder Emilia noch ihre Mutter von der Liebe des Prinzen wussten. Da der Prinz aber nach Marinellis Festlegung das Gespräch mit Emilia in der Kirche suchte, ist von der Öffentlichkeit zu schlussfolgern, dass des Prinzen Verlangen der Grund des Verbrechens war. Erneut wird das Gespräch zum dramaturgischen Ereignis.

3. Auftritt

das Gequieke, das Gekreische: (S. 56) Die Geräusche, die die Orsina hört, stammen vom Prinzen und Emilia. Die Orsina, die Erfahrung in der Liebe und mit dem Prinzen hat, beschreibt die Geräusche einer Liebesszene.

nur gegen ein Ding ...: (S. 58) Das sprachliche Spiel mit dem Wort „Ding" wächst sich zur philosophischen Sentenz aus, die auch begründet, warum man, auch Marinelli (S. 58), die Orsina „eine Philosophin" nennt. Vorbild ist dabei Kant gewesen, auf dessen philosophische Ansichten, die die *Kritik der reinen Vernunft* vorbereiteten, Lessing 1764 in den *Literaturbriefen* eingegangen war. Auch der Ton ist von jener ironischen Heiterkeit, deren sich Kant zu dieser Zeit bediente.

Über den Zufall: (S. 58) Das Zusammentreffen zwischen der Orsina und dem Prinzen auf Dosalo geht auf ein doppeltes Missverständnis zurück. Im Gespräch mit Marinelli reflektiert die Orsina über den Zufall und erklärt schließlich, das „Wort Zufall ist Gotteslästerung" (S. 59). Es ist die Weiterführung des Gedankens von Marinelli, der seine Verbrechen ähnlich zu rechtfertigen versuchte. Diese Ansicht vom Zufall gehört zu den Grundansichten der europäischen Aufklärung: Die Welt ist ein Gefüge, das zwingend und logisch funktioniert und so die beste aller möglichen Welten darstellt. Hauptvertreter dieser Ansicht war Leibniz mit seiner *Theodizee* (1710); lustig gemacht hat sich über diese beste aller Welten Voltaire in seiner Erzählung *Candide*.

2.5 Sachliche und sprachliche Erläuterungen

5. Auftritt

ein Langes und Breites gesprochen: (S. 63) Erneut wird über das morgendliche Gespräch zwischen dem Prinzen und Emilia in der Kirche berichtet. Diesmal haben beide „ein Langes und Breites gesprochen". Die Kundschafter der Orsina sahen und hörten das Gespräch.

Ist Ihnen auch das Zufall? (S. 63) Nochmals wird das Gespräch über den Zufall weitergeführt, Orsina triumphiert über Marinelli. Nachdem sie nun alle Details kennt, kann sie lückenlos Mord, Entführung und Verführung dokumentieren. Was scheinbar zufällig aussieht, erweist sich als Plan: „Ich reime ... doch noch ziemlich zusammen, was zusammengehört." (S. 63)

7. Auftritt

Sie hatten nichts Kleines abzureden: (S. 66) Erneut geht es um das Gespräch am Morgen. Die Orsina stellt eine direkte Beziehung zwischen der Begegnung am Morgen und dem Aufenthalt auf dem Lustschloss des Prinzen her. Der Prinz und Emilia hätten mit „Vertraulichkeit" und „Inbrunst" miteinander gesprochen. Sie redet Odoardo ein, der Prinz und Emilia hätten den Plan von Mord und Entführung gemeinsam abgesprochen. Odoardo weist das zurück, wenn auch, wie aus anderen Aussagen des Prinzen erkennbar ist, der Prinz sich durchaus Hoffnungen machen durfte.

in Bacchantinnen, in Furien: (S. 67) Diese Zusammenstellung ist widersprüchlich. Die Furien (röm.) entsprechen den griech. Erinnyen; es sind geheimnisvolle Beschützerinnen der sittlichen Ordnung, meist in der Dreizahl auftretend, die auch als Rachegöttinnen gelten. Bacchantinnen sind die Teilnehmerinnen an orgiastischen Feiern zu Ehren des Weingottes

2.5 Sachliche und sprachliche Erläuterungen

Bacchus. Die Orsina hat den Prinzen geliebt und war als seine Mätresse glücklich; umso größer wird nun ihr Hass.

5. Aufzug
1. Auftritt
Durchlaucht: (S. 70) dem lat. Serenitas oder Serenissimus nachgebildeter Titel, der schon römischen Kaisern, fränkischen und gotischen Königen beigelegt und für höher erachtet wurde als „Hoheit". Im Deutschen wurde es seit dem 15. Jh. als Lehnübersetzung von lat. perillustris im Titel der Häupter fürstlicher Häuser üblich.
Neidhart: (S. 70) Neider, Hasserfüllter; bezieht sich auch darauf, dass sich Odoardo dem Anschluss Sabionettas an Guastalla widersetzte (Vgl. I, 4, S. 8). Lessing hatte ursprünglich sogar formuliert: „der alte garstige Neidhart"[46].

2. Auftritt
Deine Sache wird ein ganz anderer zu seiner machen: (S. 71) Odoardo hofft auf göttliche Bestrafung nach 5. Moses, 32, 35: „Die Rache ist mein; ich will vergelten." Odoardo hält Emilia für unberührt, was sie möglicherweise nach den Stunden mit dem Prinzen nicht mehr ist.

5. Auftritt
Sibylle: (S. 77) bezieht sich hier auf die Gräfin Orsina, die den von Odoardo erinnerten Satz sagt (IV, 7, S. 64). Die Sibyllen stammen aus dem Orient und sind in der Antike Seherinnen, die zumeist unheilvolle Ereignisse vorausschauen.

---

46 Brief vom 1. März 1772 an Karl Lessing. In: *Werke*, 9. Band, S. 503

7. Auftritt

Haarnadel: (S. 81 f.) Emilia will, nachdem ihr der Vater den Dolch entwunden hat, sich mit einer Haarnadel das Leben nehmen. Dieses Vorhaben entspricht der Überlegung Hamlets: „For who would bear, when he himself meight his quietus make with a bare bodkin.", in der Schlegelschen Übersetzung: „Wenn er sich selbst in Ruhstand setzen könnte/Mit einer Nadel bloß?" (Hamlet III/1).

Verführung: (S. 81) Emilia verlangt den Tod, weil sie weiß, dass sie sich den auf sie zukommenden Verführungen und Freuden – das Haus der Grimaldis, in dem sie aufgenommen werden soll, sei „das Haus der Freude" – nicht oder sogar: nicht mehr entziehen kann. Andererseits ist sie als Geliebte des Prinzen in auswegloser Situation und schließlich möchte sie ihrem Vater bedeuten, sie bewahre ihre Jungfräulichkeit.

Ehedem wohl gab es einen Vater: (S. 82) Emilia erwähnt das Schicksal der Virginia, wie es von Titus Livius überliefert worden ist. Mit einem Fleischermesser tötete Virginius seine Tochter, um ihre Freiheit zu retten.

2.6 Stil und Sprache

Einige auffallende Kennzeichen der Sprache sind:

Form	Erscheinung	Textbeleg und Funktion
Prosa	*verbunden mit nichtsprachlichen Mitteln*	*rhythmisiert*
5.6., S. 77 f.	Gedankenstriche, Elisionen, Ausrufe	vor allem in Monologen
1.3., S. 6	„Ihr Bild! – mag! – Ihr Bild, ..."	„... vielleicht find' ich in dem Bilde wieder ..."
Wort	*in Handlung umgesetzt*	*Wiederkehr als Wiederholung*
Emilia	Bruneschi und Galotti (S. 4)	„eine gewisse Emilia Galotti" (S. 13)
Dialoge	*treiben die Handlung*	*Bewegung*
1.6., S. 11	Komplott wird geschmiedet	Prinz will abreisen (S. 16)
	Auslassungen, Andeutungen beschreiben Widersprüche	keine Konversation äußere Ereignisse, Leidenschaft
Monologe	*besinnliches Pathos, Haltepunkte*	*Selbstbestimmung*
2.5., S. 25	Claudia erkennt ein Konfliktbündel	Bewunderung für Odoardo
	beschreiben Verhaltensmöglichkeiten	innere Zustände, Vernunft

2.6 Stil und Sprache

Die sprachliche Gestaltung des Stückes ist wie die Handlung geschlossen. Jedes Wort hat eine Funktion für den Satz, jeder Satz für den Dialog der Szene. Wie oft bei Lessing findet sich eine Art akustische Strukturierung durch häufig verwendete Gedankenstriche, Frage- und Ausrufezeichen, die eine ordnende, keine sprachliche Funktion haben. Dazu gehören **außersprachliche Bestandteile** wie Regieanweisungen und Gegenstandsbezeichnungen („Sie fährt mit der Hand nach dem Haare, eine (Nadel) zu suchen, und bekommt die Rose zu fassen." S. 81), die in dieser Breite hundert Jahre später im Naturalismus üblich werden. Bis zur Perfektion getrieben wurde die Wiederholung, dabei verzichtete Lessing auf Nebensätze, vor allem auf Relativsätze, um schnelle Anschlüsse zu erreichen und eine sich rasant bewegende Handlung zu suggerieren.[47]

> Akustische Strukturierung

> Wiederholungen

Unter den Wiederholungen erscheint eine Figur, die man als „**Scharnier**"[48] bezeichnete: Zwei Sätze greifen unmittelbar ineinander und werden durch ein übereinstimmendes Wort untrennbar verbunden. *Emilia Galotti* ist voll davon; manche Betrachter meinen, hier treibe Lessing „diesen Manierismus an die Grenze von Überspanntheit und Exzess"[49]. Spricht der Kammerdiener von einem Brief der Gräfin Orsina, beginnt der Prinz seine Antwort mit der Frage „Der Orsina?" (S. 4). Begegnen sich Claudia und Odoardo Galotti, folgen aufeinander „Schritte" und „Fehltritt" (S. 19) usw. Nicht nur ein Wort, auch Satzteile und Sentenzen („Eine Rose gebrochen, ehe der Sturm sie entblättert." S. 82) bilden solche „Scharniere", die Sätze und sze-

---

47 Vgl. dazu: Peter Heller: *Dialektik und Dialog in Lessings Nathan der Weise*. In: Klaus Bohnen (Hg.): Lessings *Nathan der Weise*. Darmstadt 1984 (Wege der Forschung Band 587), S. 223
48 F. Bodmer: *Studien zum Dialog in Lessings Nathan*. Zürich 1924, S. 36
49 Vgl. dazu: Peter Heller, ebd., S. 223

2.6 Stil und Sprache

nische Abläufe miteinander verketten und dabei ähnliche Sprachstrukturen bilden. In einigen Szenen häufen sich solche Beziehungen derart, dass ganze Abschnitte daraus bestehen. So versichert sich Marinelli (4. Aufzug, 5. Auftritt, S. 60), dass die Gräfin nun selbst gehört habe, was sie ihm nicht glauben wollte. Diese fragt sich selbst „Hab' ich? hab' ich wirklich?" und Marinelli antwortet „Wirklich"; danach wiederholt die Gräfin eine Passage aus der vorigen Szene, die sie dann nochmals als Fragefolge anschließt. Dadurch wird ein Satz des Prinzen („Ich bin beschäftigt ...", S. 58) dreimal wiederholt. Es ergibt sich eine Intensivierung des Vorgangs. In dem geschilderten Fall entstehen so Entrüstung und Enttäuschung der Orsina, die dann in Wut und Rachegefühl umschlagen. Ihre Entscheidungen werden psychologisch motiviert.

Unter den Motiven und Symbolen fällt die Geldsymbolik besonders auf. Sie spielte in Lessings Werken wie auch in seinem Leben eine große Rolle. In *Emilia Galotti* drängt sich diese Geldproblematik in die Kunstdebatte zwischen Prinz und Maler; sie signalisiert Gefahren, die aus Geldsorgen der Künstler entstehen. Gefahren entstehen auch dadurch, dass mit Geld alles zu erreichen ist. Nicht nur Contis Bild der Emilia Galotti kann der Prinz kaufen („Dich hab' ich für jeden Preis noch zu wohlfeil." S. 10), sondern Marinelli rät ihm, Emilia selbst aus zweiter Hand zu kaufen, da sei sie noch „viel wohlfeiler" (S. 15). Der Mensch und seine Liebe werden zur Ware; unterwirft er sich diesem Warenfetischismus nicht, muss er untergehen. Unterwirft er sich ihm, opfert er Menschsein und Gefühle. Kunst, Liebe, Tugend und Mensch werden vom Gelde bestimmt, verlieren dadurch ihren ursprünglichen „natürlichen" Wert und werden zur Ware. Das Geld ist der polare Gegensatz zur „Natürlichkeit".

Motive und Symbole

2.7 Interpretationsansätze

Die **Titelgestalt** Emilia Galotti trägt den **Vornamen** einer norditalienischen **Landschaft**, die „Emilia", in deren Umfeld alle anderen Ortsbezeichnungen (Guastalla, Massa, Sabionetta) des Stückes liegen. Auch Modena, wo Samuel Henzi Hauptmann war, gehört dazu. Ortsnamen und Landschaften haben in dem Trauerspiel eine wichtige Funktion.
Ihren Namen erhielt die Landschaft „Emilia" nach der berühmten Via Aemilia der Römer, denn diese Straße ist eine mächtige Verkehrsader, die für ständige und schnelle Entwicklung sorgte. Es spricht nichts dagegen, in Emilia Galotti die Verkörperung jener Landschaft zu sehen, deren Natürlichkeit und Geschichtlichkeit im Machtkampf feudal-absolutistischer Herrscher unterging. Nur Appianis Piemont gehört im Stück nicht zur Emilia. Piemont und Appiani bedeuten Natürlichkeit, Freiheit und Selbstverwirklichung. Marinelli bringt es in die ironische Beschreibung „Gämsen zu jagen, auf den Alpen; und Murmeltiere abzurichten." (S. 13). Der Höfling Marinelli kann die Freiheit des Natürlichen nicht begreifen.
Die Trauung mit Appiani soll auf dem Landgut in Sabionetta stattfinden, also nicht im direkten Machtbereich des Prinzen. Emilia soll nach Piemont gehen, in die Natürlichkeit der Bergwelt. Repräsentiert der Prinz eine überzüchtete Kunstwelt, der Natürliches fremd geworden ist, so erlebte Emilia in Piemont Natürliches, bei dem Mensch und Natur eine harmonische Einheit eingehen könnten. Ihr Tod und der Appianis deutet an, dass eine solche Natürlichkeit Utopie blieb.

Zeitgeschichte

Es wird behauptet, Lessing habe nicht historisch sein wollen.[50] Lessings Stück

---

50 Oehlke: Zweiter Band, S. 182

2.7 Interpretationsansätze

nahm jedoch Zeitgeschichte auf; es war ein Gegenwartsstück[51]. Hatte die Tötung der Virginia zum Sturz des Diktators geführt, so bleibt Emilias Tötung folgenlos. Es gibt in Lessings Stück kein Volk, es gibt keine aufbegehrende Kraft und deshalb gibt es auch keine Änderung. Die Gunst, die die Deutschen dem Stück schenkten, entstand daraus, dass Emilia eine reduzierte Virginia war und damit deutschen Verhältnissen und geschichtlichen Ergebnissen entsprach. *Emilia Galotti* wurde ein typisch deutsches Stück, weil es die Grenzen deutscher Handlungsfähigkeit ausstellte.

Das Mäzenatentum des Prinzen ist mit seiner Genrespezifik (Malerei) typisch für das Italien des 18. Jahrhunderts. Man hat die Verlegung der Handlung oft zum Anlass genommen zu behaupten, „in Deutschland durfte Lessing sein revolutionäres Werk nicht ansiedeln"[52] und „die Verlegung der Szene nach Italien" sei „unvermeidlich" gewesen.[53] In Lessings Briefen gibt es dazu keinen Hinweis. Italienische Namen und Orte in dieser Zeit wurden kaum als Verfremdung verstanden, sie gehörten zum Alltag. Schließlich hatte Lessing selbst Sehnsucht nach Italien und seine „alten Gedanken, in Italien zu leben und zu sterben"[54]. Den Freunden teilte er nach dem gescheiterten Versuch eines Nationaltheaters in Hamburg mit, dass er von dort aus nach Italien gehen wolle. Es sei ihm gleich lieb wie Deutschland, nur wäre es lustiger und erbaulicher, besonders

> Mäzenatentum

---

51 Warum die meisten Interpreten die Renaissance als Handlungszeit annehmen, bleibt ihr Geheimnis. Sabionetta wurde 1703 verfügbar und der Prinz erhob daraufhin Ansprüche, denen sich Galotti widersetzte (S. 8). Einige Jahre später spielt das Stück. Es ist also zu Lessings Zeit ein Gegenwartsstück.
52 Ernst Schmidt: *Lessing. Geschichte seines Lebens und seiner Schriften.* Berlin 1923, 2. Band, S. 10
53 Ursula Wertheim: *Lessings Trauerspiel „Emilia Galotti" und das „Henzi"-Fragment.* In: Lessing-Konferenz. Halle 1980, Teil 1, S. 208
54 Brief vom 7. Mai 1775 an Karl Lessing. In: *Werke*, 1957, 9. Band, S. 640

2.7 Interpretationsansätze

wenn man arm sei. Als Leopold, Prinz von Braunschweig, ihn als Begleiter auf eine Italienreise mitnehmen wollte, stimmte Lessing freudig zu, um „wenigstens einen Vorgeschmack von Italien" zu bekommen.[55]

Lessing nahm sich nicht allein solcher sozialethisch geprägter Stoffe an. Im Jahr zuvor hatte Marie Sophie von La Roche mit der *Geschichte des Fräuleins von Sternheim* (1771) ebenfalls die bürgerliche Tugend thematisiert, die sich gegen adlige Mätressenwirtschaft zu behaupten hat. Nur endet der Roman in einer glücklichen Lösung, Tugendhaftigkeit wird belohnt. Zwei Jahre nach Lessings *Emilia Galotti* erschien J. M. R. Lenz' *Der Hofmeister* (1774), Tugend und Sinnlichkeit begegneten sich auf sehr viel radikalere Art im ostpreußischen Insterburg. Auch Werke Gellerts, Hermes' und Hippels wären zu erwähnen. Es war wie üblich im literarischen Prozess: Eine Vielzahl von Werken hatte sich dem aktuellen Thema der bürgerlichen Tugend und ihrer Spannung zu barocker feudaler Lebenslust genähert; Lessing bot, in Kenntnis dieser Texte und ihrer Konflikte, eine geniale Zusammenfassung unter Benutzung der historischen Grundkonstellation. Die **Verlegung der Handlung nach Italien** verhüllte nicht das besondere deutsche Fürstentum und damit die Einmaligkeit eines solchen Vorgangs, was bei deutschen Namen eingetreten wäre, sondern stellte die Thematik der Vernichtung bürgerlicher Tugend durch ungehemmte feudale Sinnenlust als europäische Erscheinung vor.

Eine zeitgenössische Beziehung ergab sich z. B. aus den Vorgängen in Dänemark um den Grafen **Johann Friedrich von Struensee (1737–1772)**. Wenn Lessing in dieser Zeit „Dänemark" schrieb, meinte er das Aufbegehren gegen despotische

---

55 Brief vom 7. Mai 1775 an Karl Lessing. In: *Werke*, 1957, 9. Band, S. 640

2.7 Interpretationsansätze

Umstände, wie es in Deutschland noch ausstand. Dabei spielte sicher eine Rolle, dass Struensee als Sohn eines Predigers 1737 in Halle (Saale) bürgerlich geboren worden war. Struensee versuchte in kurzer Zeit von 1771 bis zu seiner Hinrichtung am 28. April 1772 ein gewaltiges Pensum einer aufklärerischen Politik, 1800 Kabinettsorders, durchzusetzen: Aufklärung als Pressefreiheit, Verringerung der Abgaben, Reformen des Unterrichts, des Studiums und der Krankenhäuser, die Gleichheit vor dem Gesetz, auch unehelicher Kinder; Frondienste der Bauern wurden eingeschränkt. Durch diese Reformen verfeindete sich Struensee mit Adel und Geistlichkeit; das Volk verärgerte er, als er das Schnapsbrennen verbot. In Lessings Briefen an Eva König, die während der Abschlussarbeiten an *Emilia Galotti* geschrieben wurden, spielten die Vorgänge um den Reformer eine Rolle. Als Struensee gestürzt wurde, war Lessing interessiert, was man ihm „zur Last legen wird"[56]. Struensee hatte jenen Minister Bernstorff gestürzt, der Klopstocks Fürsprecher war. Nach Struensees Verhaftung galt Lessings Interesse den in die Auseinandersetzung verstrickten Freunden, vor allem Helferich Sturz (1736–1779), der in Struensees Fall verwickelt wurde (Lessing schrieb an Eva König: „Niemanden bedaure ich dabei mehr, als Sturzen."[57]), später aber vom dänischen Hof wieder angestellt wurde. Struensees Schicksal beschäftigte Lessing sehr: Sollte das Todesurteil vollzogen werden oder blieb er, wie Lessing hoffte, am Leben. Als schließlich das Unerwartete, die Vollstreckung des Urteils, eintrat, war es für Lessing erschreckend und grausam. Alles das vollzog sich während der abschließenden Arbeiten an *Emilia Galotti*, der Uraufführung und der ersten Reaktionen auf das Stück. Es

Aufklärerische Politik

---

56 Brief an Eva König vom 31. Januar 1772. In: *Werke*, 1957, 9. Band, S. 492
57 ebd.

2.7 Interpretationsansätze

Direkte Entsprechung zwischen den Vorgängen in Dänemark und den Ereignissen der Emilia Galotti

war nicht schwer, eine direkte Entsprechung zwischen den Vorgängen in Dänemark und den Ereignissen der *Emilia Galotti* zu finden.

An der Spitze des **Personenverzeichnisses** steht Emilia Galotti. Alle folgenden Namen stehen im Verhältnis des Privaten und des Öffentlichen zu ihr. Odoardo und Claudia vertreten die private Sphäre, sind „Eltern der Emilia", nicht etwa Oberst bei Sabionetta und seine Gemahlin. Dabei vereitelt gerade die Abhängigkeit des Obersten Odoardo vom Prinzen seine Rache, müsste er doch seinen Befehlshaber ermorden, das wäre wider seine militärische Ehre. Als Johann Jakob Bodmer 1778 sein Stück *Odoardo Galotti* schrieb, mehr Fortsetzung als Parodie Lessings, ließ er Odoardo erklären: „Die Person des Prinzen ist mir heilig; ich fluche der Hand, die sich an dem Souverän des Gesetzes vergreift."[58]

Im Verzeichnis folgen der Rat Camillo Rota und der Maler Conti, die wiederum im höfischen Bereich den Gegensatz von Macht und Kunst vertreten, wobei die Macht das öffentliche Wirken, die Kunst das private Wirken des Prinzen andeuten. Dass Lessing mit den Namen und ihrer Anordnung Hinweise für das Trauerspiel zu geben versuchte, darf angenommen werden, hat er doch Namen in der Dichtung besondere Aufmerksamkeit geschenkt. Personennamen sind ihm wichtiges Kennzeichen der aufklärerischen Persönlichkeit, nicht Rangbezeichnungen oder Titel.

Emilias Tragik

Schwierig ist die Beschreibung von Emilias Tragik. Ein Urteil darüber ist abhängig davon, wie der Leser oder Zuschauer Emilia am Ende

---

[58] Johann Jakob Bodmer: *Odoardo Galotti. Vater der Emilie.* Augsburg 1778, S. 17

2.7 Interpretationsansätze

sieht. Er kann, wie der Vater, sie für unberührt halten. Einiges (Emilias Faszination vom Prinzen, die von der Orsina gehörten Geräusche, das Erholungsbedürfnis des Prinzen zu Beginn von IV, 1, S. 50 usw.) spricht aber dafür, dass **Emilia die Geliebte des Prinzen** geworden ist. Der Prinz, der glücklich ist, nun Emilia allein zu treffen und von Marinelli abgeschirmt zu werden, kommt nach gemeinsam verbrachter Zeit zurück zu Marinelli, um sich zu „erholen" (S. 51). Wenn er die Gegenwart des Kammerherrn der begehrten Frau vorzieht, deutet das darauf hin, dass er seine leidenschaftliche Sehnsucht gestillt hat. So würden auch ihre letzten Worte erklärbar. Der Vater versteht sie nicht und hält sie für eine „Unwahrheit": „Eine Rose gebrochen, ehe der Sturm sie entblättert". Emilia bekennt sich dazu und will alle Schuld auf sich nehmen: „Ich selbst – ich selbst –" (S. 82). Die gebrochene Rose ist das Symbol des gefallenen Mädchens. Das wäre ein tragischer Konflikt, der sich als äußerlicher Widerspruch vollzieht, denn sie hat keinen Wert mehr in den Umgang mit dem Prinzen einzubringen und ist so seiner Willkür ebenso ausgesetzt wie den Machenschaften Marinellis. Sie würde in kürzester Zeit in die gleiche Position wie die Orsina kommen. Der Wunsch nach dem Tod könnte so der Ausweg aus der erkannten Tragik sein, um nicht das Schicksal der Orsina erleiden zu müssen.

Geht man aber davon aus, **Emilia hat ihre Tugend verteidigt,** entsteht ebenfalls ein tragischer Konflikt, der allerdings nun ein innerlicher ist: Die ideale Möglichkeit ist durch den Tod Appianis zerstört, die Neigung zu dem Prinzen – die offenkundig ist – darf nicht ausgelebt werden, aber sie wird weiteren Versuchen ausgesetzt bleiben bis ihre Anziehung verblichen ist.

Das zentrale Problem ist dieser tragische Ausgang des Stückes. Die Betrachter und Kritiker konnten sich nicht einmal

2.7 Interpretationsansätze

verständigen, wer denn nun tragisch ende. Die einen meinten, nur Emilia käme dafür infrage. Andere sahen Odoardo so. Unpopulär ist sicher, auch dem Prinzen ein tragisches Ende zuzubilligen. Dennoch ist es nicht von der Hand zu weisen: Er hat Enttäuschungen erfahren, durch die er seine Naivität verliert. Er hat politische Einsichten gewonnen, die ihn an der eigenen Stellung und fürstlichen Berufung zweifeln und damit sein Leben sinnlos werden lassen. Damit geraten unveränderlich geglaubte adlige Privilegien ins Wanken. Schließlich muss er im Freunde den verführenden Teufel erkennen. Mehr hat er nicht zu verlieren, um sich seiner Bedeutungslosigkeit bewusst zu werden. Dennoch weigert sich die Vernunft, dem Prinzen ein tragisches Schicksal zuzubilligen.

Emilia weiß um die Möglichkeiten, durch den Erhalt der Tugend oder durch Verteidigung der Vorstellung davon, im Falle, dass sie nicht mehr unschuldig ist, zur Heiligen zu werden. Dann wäre ihr Entscheid für den Tod weniger tragisch als eine Konsequenz ihrer moralischen Haltung. Damit aber wäre sie bereits eine Erzogene im Sinne von Lessings *Erziehung des Menschengeschlechts*. Emilias Tugend ist den Zwängen der politischen Welt und der gesellschaftlich sanktionierten Verhaltensweisen ausgesetzt. Sie zu bewahren bedarf es einer Tat, die an ein Verbrechen grenzt: Die tragische Entwicklung ist die Folge des Zusammenpralls von feudaler Willkür, die bis zur Menschenfeindlichkeit in der Person Marinellis geht, und einem neu entworfenen Wertekanon, der sich bürgerlich, also allgemeinmenschlich gibt, aber bereits wieder zu erstarren droht, da ihm keine soziale Realität vergönnt ist.

Dadurch werden die Figuren nicht im Sinne einer Spieler-Gegenspieler-Anlage bewertbar, sondern sie sind widersprüchlich und uneinheitlich, es sind „gemischte" Charaktere im Sinne

2.7 Interpretationsansätze

Lessings. Kann die feudalaristokratisch organisierte Gesellschaft der Aufklärung und ihrer vernünftig geordneten

> „Gemischte" Charaktere im Sinne Lessings

Zivilisation nicht gerecht werden (der Prinz), so stößt auch der bürgerliche Entwurf noch vor seiner Verwirklichung an seine Grenzen, weil er in Ermangelung ökonomischer und politischer Macht seine moralischen Werte verabsolutieren muss (Odoardo). Allenfalls außerhalb der beschriebenen Zustände (Guastalla), also auf einer utopischen Insel (Appianis „väterliche Täler"), sind die vernünftigen Zustände denkbar, aber sie werden auch dort nicht lebbar, weil ihr Repräsentant Appiani stirbt, bevor er in sein Refugium zurückkehren kann.

3. Themen und Aufgaben

Die Seitenangaben beziehen sich auf die Erläuterung.

1) Thema:
Lessings bürgerliches Trauerspiel
- Skizzieren Sie Lessings Vorstellungen vom bürgerlichen Trauerspiel.
- Begründen Sie, was „bürgerlich" bedeutet und warum die Adlige Emilia Galotti als Repräsentantin bürgerlichen Denkens begriffen werden kann.
- Stellen Sie die bürgerlichen Ziele in der Aufklärungszeit und die Ergebnisse in Deutschland einander gegenüber.

Lösungshilfe
Hamburgische Dramaturgie, 14. Stück;
S. 16 und 26

2) Thema:
Historische Vorlage und Lessings Stück
- Vergleichen Sie die Ereignisse um Virginia und Lucrezia mit dem Geschehen in *Emilia Galotti*, stellen Sie Übereinstimmungen und Unterschiede fest.
- Der Tod Virginias löst einen Volksaufstand aus. Wo ist in Lessings Stück das Volk zu finden und wer bemüht sich darum?
- Können Sie Erklärungen für diese Unterschiede finden?

Lösungshilfe
4. Aufzug, 5. Szene;
S. 24

3. Themen und Aufgaben

3) Thema:
Das Gespräch zwischen dem Prinzen und Emilia Galotti
- Geben Sie eine Übersicht über die verschiedenen Beschreibungen des Gesprächs.
- Warum ist dieses Gespräch so außergewöhnlich (Ort, Zeit, Inhalt)?
- Entwerfen Sie einen Gesprächsverlauf, der Ihnen logisch erscheint.

Lösungshilfe
die verschiedenen Szenen, in denen das Gespräch erwähnt wird; S. 66 ff.

4) Thema:
Gräfin Orsina – Mätresse und aufbegehrende Adlige
- Berichten Sie über die historische Stellung der Mätresse in dieser Zeit.
- Welche Stellung nimmt die Orsina am Hofe ein und wie nutzt sie diese?
- Beschreiben Sie die Funktion des Vorhabens der Orsina, auf dem Markt die Hintergründe des Mordes zu enthüllen.

Lösungshilfe
4. Aufzug, 5. Auftritt; S. 51 f., 55

5) Thema:
Das Ideal des Grafen Appiani
- Stellen Sie den Zusammenhang zwischen Appianis Herrschaftsgebiet und den aufklärerischen Vorstellungen von Natur und Natürlichkeit dar.

Lösungshilfe
1. Aufzug, 6. Auftritt, 2. Aufzug, 4. Auftritt; S. 52

3. Themen und Aufgaben

> - Beschreiben Sie die „väterlichen Täler" in der Sicht der verschiedenen Gestalten.
> - Was unterscheidet diese Täler vom Leben in Guastalla?

6) Thema:
Die Tragik der Emilia Galotti
- Emilia Galotti befindet sich in mehreren tragischen Situationen. Beschreiben Sie diese.
- Wie ist das Verhältnis Emilias zum Prinzen, zu Marinelli, zu Conti, zu Appiani und zu ihrem Vater?
- Worin liegt der zentrale tragische Konflikt Emilias?

Lösungshilfe
2. Aufzug,
6. Auftritt und
7. Auftritt,
3. Aufzug,
5. Auftritt

7) Thema:
Die Schuld der Hauptfiguren
- Beschreiben Sie Schuld und/oder Unschuld des Prinzen (am Tod Appianis, am Tod Emilias, im Auftrag an Marinelli usw.)
- Welche Schuld am Tod Emilias hat die eigene Familie?
- Wie ist das Verhältnis von individueller und gesellschaftlicher Schuld?

Lösungshilfe
1. Aufzug;
S. 80 ff.

8) Thema:
Politische und soziale Ursachen für Emilias Tod

- Wie verhalten sich familienpolitische und politische Handlungen zueinander?
- Mit welchen Handlungen sind die politischen Haltungen verbunden?
- Beschreiben Sie das historische Umfeld der Handlung des Trauerspiels.
- Welche Gesellschaftskritik Lessings an seiner Zeit würden Sie herauslesen?

Lösungshilfe
2. Aufzug, 4.–8. Auftritt; S. 28 ff.

4. Rezeptionsgeschichte

Zurückhaltend schickte Lessing den Freunden das neue Stück; einen ließ er sogar wissen, dass er zum Ende zu immer unzufriedener werde.[59] Es habe ihm zu viel Zeit weggenommen und in einem Brief an Gleim hieß es sogar: „Meinen Sie nicht, dass ich der Mädchen endlich zu viel mache? *Sara! Minna! Emilia!*"[60].

Bereits am Tage der Uraufführung wurde für die Presse berichtet. Im *Wandsbecker Boten* kündigte Matthias Claudius in einer Notiz vom 13. März, die am 17. März erschien, die Buchausgabe an, die im Berliner Verlag von Christian Friedrich Voß erscheinen sollte und sprach auch über die Aufführung. Anerkennung wurde Lessing zuteil, Claudius bekannte, ihm habe das Stück von Anfang bis Ende gefallen. Er erwähnte die Anfälligkeit Emilias für die Leidenschaft des Prinzen, die sie hindern könnte, dem Prinzen zu widerstehen.[61] Christoph Martin Wieland nahm das Werk zum Anlass, um Lessing, der ihn einst scharf kritisiert hatte, einen Huldigungsbrief zu schreiben.

> Wieland

Im Jahre der Uraufführung wurde das Stück noch in wichtigen deutschsprachigen Theatern aufgeführt: Berlin, Hamburg, Wien und Danzig. Schauspielertruppen verbreiteten es auch in kleineren Städten; so spielte die Seylersche Truppe das Stück Ende 1772 in Weimar, danach in Altenburg und Leipzig. Das Stück wurde bald in den Kanon dramatischer Hauptwerke aufgenommen und bekam so denkmalähnliche Bedeutung, auch in deutschsprachigen Gebieten. 1783 wurde das Prager Nos-

---

59 Brief an Christian Friedrich Voß vom 25. 1. 1772. In: *Werke*, 1957, 9. Band, S. 489
60 Brief vom 2. März 1772 an Johann Wilhelm Ludwig Gleim. In: *Werke*, 1957, 9. Band, S. 509
61 Hans Henning: *Emilia Galotti in der zeitgenössischen Kritik*. In: Lessing-Konferenz Halle 1979, Teil 1. Halle (Saale) 1980 (Wiss. Beiträge 1980/3), S. 228

4. Rezeptionsgeschichte

tiz-Theater mit *Emilia Galotti* eröffnet; das Portal des Theaters wurde mit einem Brustbild Lessings geschmückt.[62]
Eine Wirkung anderer Art waren die Versuche, Lessings Trauerspiel fortzusetzen. Selbst der Schweizer Johann Jakob Bodmer (1698–1783), als Theoretiker der Aufklärung Gegenspieler Gottscheds, versuchte sich an *Odoardo Galotti. Vater der Emilia* (1773, erst 1778 gedruckt). Appiani bleibt am Leben, er war nur verwundet; der Prinz ist ein ehrenwerter Mann, der für das Geschehen um Verzeihung bittet. Für die Tat liegen alle Erklärungen bei Odoardo, der sie damit begründet, dass in seinem Hause alle Söhne tapfer und alle Töchter unbefleckt sein müssen.[63] Andere Stücke, darunter eine *Orsina* von Gustav Anton zu Seckendorff (1775–1823), die eine Fortsetzung von Lessings *Emilia Galotti* sein wollte, folgten.[64] Seckendorff sah sich Lessing in vielerlei Hinsicht verbunden: in seiner sächsischen Herkunft, in seinen Bemühungen um die deutsche Schauspielkunst und als Professor am Carolinum in Braunschweig.

Bodmer

Lessing hatte die Uraufführung und die nachfolgenden Vorstellungen des Stücks nicht besucht. Aber man trug ihm den Erfolg zu, obwohl Lessing ursprünglich kein Vertrauen in Döbbelins Truppe gesetzt und manche Zweifel an dessen künstlerischen Fähigkeiten hatte.
An Eva König schrieb er nach der Uraufführung:

> *„Mein neues Stück hat er dreimal gespielt; aber ich habe es kein einziges Mal gesehen, und will es auch so bald nicht sehen.*

---

62 Heinz Härtl: *Wirkungen Lessings und Innovationen des deutschen Dramas zwischen 1789 und 1830.* In: Hans-Georg Werner (Hg.): *Bausteine zu einer Wirkungsgeschichte Gotthold Ephraim Lessings.* Berlin und Weimar: Aufbau, 1984, S. 189
63 Johann Jakob Bodmer: *Odoardo Galotti. Vater der Emilia.* Augsburg 1778, S. 12. (Auszüge abgedruckt in: Jan-Dirk Müller, S. 42 f.)
64 Jan-Dirk Müller: ebd., S. 41 f.

4. Rezeptionsgeschichte

> *Unterdessen versichern mich alle, dass die Aufführung ganz wider Vermuten gut ausgefallen, und dass diese Truppe noch kein Stück so gut aufgeführt habe. Ich bin begierig zu hören, was man in Wien davon urteilt.*"[65]

Auch in Briefen an Freunde wie Ramler schrieb er von der vorzüglichen Aufführung. Zur Zeit der Uraufführung litt Lessing an unerträglichen Zahnschmerzen und ging deshalb nicht ins Theater; danach zögerte er sichtlich, sein Stück aufgeführt zu sehen. Vermutungen, wie sie immer wieder in der Sekundärliteratur zu finden sind[66], er hätte Sorge wegen der kritischen Haltung des Stückes gehabt und es sei ihm „doch nicht ganz geheuer zumut" gewesen[67], lassen sich nicht belegen: Das Stück war auch bei Hofe erfolgreich, der die Döbbelinsche Truppe dafür mit einem festen Engagement ehrte; die Rezensenten lobten das Stück.

Widerspruch unter den Berliner Freunden

Widerspruch regte sich unter den Berliner Freunden. In die Rezensionen der Aufführungen und der Buchausgabe flossen zeitgenössische Auseinandersetzungen ein, die sich zwischen den Gegensätzen von antiker Dramenvorbildlichkeit und französischer Klassik, von Shakespeare und dramaturgischen Neuansätzen bewegten. Einwände richteten sich gegen die Verwendung des italienischen Kolorits, mit dem auch italienische Namen und Orte verbunden waren.[68] Sie zielten auch auf den Tod Emilias, denn man fragte, ob keine andere Lösung für sie möglich gewesen wäre, „... die Szenen, die Per-

---

65 Brief vom 10. April 1772 an Eva König. In: *Werke*, 1957, 9. Band, S. 514
66 Vgl. *Aufklärung. Erläuterungen zur deutschen Literatur*. Berlin: Volk und Wissen 1963, S. 405; Paul Rilla und andere.
67 Paul Rilla. *Lessing und sein Zeitalter*. Berlin und Weimar: Aufbau, 1981, S. 234
68 Vgl. Hans Henning: „*Emilia Galotti*" in der zeitgenössischen Kritik. In: Lessing-Konferenz, ebd., Teil 1, S. 229 f.

sonan, die wir am liebsten sehen möchten, handeln meistens hinter dem Vorhange und die Auflösung revoltiert jedermann", meinte Christian Felix Weiße, der im Wettstreit mit Lessing als Dramatiker begonnen hatte.[69] Einige wollten Emilia gern im Kloster sehen, andere sprachen Odoardo die Urteilsfähigkeit ab, jedenfalls bekam die Katastrophe der Emilia teils nur verhaltenen Beifall[70]. Die Zurückhaltung des Publikums hat wohl auch daran gelegen, dass man sich einem bekannten, großen römischen Stoff gegenübersah, in dem sich plötzlich Menschen der eigenen Gegenwart bewegten. Das war neu für den Zuschauer des 18. Jahrhunderts.

In der ersten Zeit nach der Uraufführung finden sich nur ausnahmsweise Andeutungen in den Rezensionen, dass Lessings entschiedene Kritik an absolutistischer Willkür und unwürdiger Lustbefriedigung verstanden wurde. 1773 erschien unter dem Titel *Über einige Schönheiten der Emilia Galotti* eine selbstständige Publikation von Christian Heinrich Schmid (1746–1800). Sie richtete sich polemisch gegen die Lessing-Gegner. Shakespeare-Stücke wurden von ihm zum Vergleich herangezogen, vor allem wurde die antifeudale Haltung deutlich und erstmals benannt: Die Handlung, „zwischen Italien und Deutschland" angesiedelt, sei auf die „vielen kleinen Höfe" gemünzt. Die von Lessing abgebildeten deutschen Zustände wurden erkannt.[71] Schmid wies auf Emilias Problem hin, sich ihrer Standhaftigkeit bei der Verteidigung der Tugend nicht sicher zu sein, vor allem nicht gegenüber dem anziehenden und dringlich flehenden Prinzen, der übrigens auch das Publi-

---

[69] Zit. nach: Edward Dvoretzky (Hg.). *Lessing. Dokumente zur Wirkungsgeschichte 1755–1968.* Göppingen 1971. Band 1, S. 24

[70] Vgl. diese und andere Meinungen, Urteile und Vorschläge in: Heidi Ritter: *Publikumsreaktionen in den ersten Aufführungen der Emilia Galotti.* In: Lessing-Konferenz Halle 1979. Teil 1, Halle 1980, S. 234 ff.

[71] ebd., S. 230

4. Rezeptionsgeschichte

kum der ersten Aufführungen beschäftigte, war man doch der Meinung, dieser Prinz sei nicht zu Gewalttaten fähig. Mit Schmids Anerkennung und Rezension hatte sich Lessings Stück allgemein durchgesetzt, von nun an galt die antifeudale Haltung und Kritik als ein Wesensmerkmal dieses Trauerspiels. –

> Die antifeudale Haltung und Kritik als ein Wesensmerkmal

Die Aufführungen in Berlin (6. und 7. April 1772) hatten das Publikum begeistert, obwohl die dortigen Schauspieler der Kochischen Gesellschaft nicht den Erwartungen der Zeitgenossen entsprachen. Zwar habe die Darstellerin der Emilia (Karoline Elisabeth Steinbrecher) besser als erwartet gespielt, vor allem das Naive habe sie gut verstanden, aber ein wenig mehr Feuer habe man von ihr erhofft. Lessing hatte seine Emilia ungern bei der „Steinbrecherin" gesehen; sie war ihm zu alt: „Man vergibt dem jungen Mädchen immer mehr, als der alten Aktrice."[72] Das entspricht genau jenem Bild der Emilia, das im Stück angelegt ist: Emilia weiß um den Wert der Tugend, empfindet aber durchaus auch die Verlockung der Verführung.

Emilia Galotti hatte Erfolg, wenn auch der Erfolg manchmal merkwürdiger Art war. Anfang Juli 1772 wurde das Trauerspiel dreimal hintereinander in Wien aufgeführt, „und zwar mit außerordentlichem und allgemeinem Beifall"[73]. Zweimal war Kaiser Joseph II. Zuschauer. In einem Gespräch äußerte er, er habe in seinem Leben in keiner Tragödie so gelacht wie in dieser. Eva König, die in den Vorstellungen war, bestätigte, dass sie in ihrem Leben „in keiner Tragödie so viel habe lachen hören; zuweilen bei Stellen, wo, meiner Meinung nach, eher hätte sollen geweinet, als gelacht werden."[74] Worauf sich diese **Hei-**

---

72 Brief an Karl Lessing vom 1. März 1772. In: *Werke*, 1957, 9. Band, S. 503
73 Brief Eva Königs vom 15. Juli 1772. In: *Werke*, 1957, 9. Band, S. 540
74 ebd.

terkeitserfolge bezogen, teilte sie nicht mit, beschrieb aber sonst ziemlich genau die mittelmäßige, aber erfolgreiche Aufführung. Es war nicht einmal zu den in Wien üblichen Kürzungen oder Änderungen gekommen, die Lessing verhasst waren. Lessings Freund Johann Arnold Ebert (1723–1795), Übersetzer aus dem Englischen, einst Lehrer des Erbprinzen und Professor am Carolinum in Braunschweig, der ihn mit dem Shakespeare-Übersetzer Eschenburg bekannt gemacht hatte, brachte seine Begeisterung nach der Uraufführung, an der er teilgenommen hatte, in die Kombination **„O Shakespeare-Lessing"** und schrieb:

> *„Nur so viel kann ich Ihnen sagen, dass ich durch und durch, mit Klopstock zu reden, laut gezittert habe. Selbst die komischen Szenen und Züge haben eine ähnliche Empfindung mit der bei mir hervorgebracht, die ich einmal bei Durchlesung der ersten Szene Ihrer 'Minna' hatte. O Shakespeare-Lessing! – Zu andern, als Ihnen, würde ich vielleicht noch mehr sagen. – Gott segne Sie dafür mit seinem besten Segen! – Ich habe davor fast nicht einschlafen können, und hernach einen sehr unruhigen Schlaf gehabt. Und itzt, da ich aufgestanden bin, kann ich nichts anders denken und vornehmen. Die Geister Ihrer Personen spüken noch immer um mich her, und schweben mit auf jedem Blatte, das ich lesen will, vor Augen."*[75]

1791 wurde das Weimarer Theater in Bad Lauchstädt eröffnet; die Leitung hatte Goethe. Die Tradition ging auf die Bellomosche Truppe zurück, die seit 1784 in Weimar spielte und auch Lessings *Emilia Galotti* in ihrem Repertoire hatte. Die Schauspielerin Christiane Luise Becker (1775–1799), die von Goethe

---

75 Brief Johann Arnold Eberts vom 14. März 1772. In: *Werke*, 1957, 9. Band, S. 507

4. Rezeptionsgeschichte

in der Elegie *Euphrosyne* bedichtet wurde und deren Wohnhaus heute noch im Ort zu sehen ist, wurde durch diese Aufführungen zwischen 1791 und 1798 zur bekanntesten Emilia-Darstellerin Deutschlands und machte das Weimarer Hoftheater berühmt. Goethes Urteile waren unterschiedlich, so wie auch Lessing, bei aller Anerkennung des Genies Goethes, ihm kritisch gegenüberstand. Aber Goethes Werther las vor seinem Selbstmord Lessings *Emilia Galotti*; das Stück lag aufgeschlagen auf dem Pult. Auch das Modell, Karl Wilhelm Jerusalem, ein ehemaliger Wetzlarer Kollege Goethes und Braunschweigischer Legationssekretär, hatte, als er sich am 30. Oktober 1772 erschoss, auf seinem Pult dieses Lessing-Drama liegen. Goethes Vorbehalte gegen das Stück entsprangen dem Gefühl, in der rationalen Klarheit der Dramaturgie keinen Platz für sich auslebende und austobende Gefühle, auch eigener Gefühle, zu finden. Das erklärt, warum Goethe als erster darauf aufmerksam machte, „dass das Mädchen den Prinzen liebe"[76].

> Goethes Werther las vor seinem Selbstmord Lessings *Emilia Galotti*

Die Wirkung nach der Französischen Revolution von 1789 veränderte sich. Sie wurde zwiespältiger, denn die deutschen Schriftsteller sahen den Widerspruch zwischen dem Anspruch Lessings und den Ergebnissen. Es war nicht gelungen, das Publikum zu bilden. Lessings Werk war für die

> Wirkung nach der Französischen Revolution

„maßgebenden Schriftsteller Deutschlands zum Erbe geworden. Sie empfanden es nicht mehr als unmittelbaren Ausdruck einer ihnen gegenwärtigen Welt, der unabsehbare literarische Zukunftsmöglichkeiten eröffnet"[77].

---

76 Friedrich Wilhelm Riemer: Mitteilungen über Goethe. Berlin 1841, Band 2, S. 663 f.
77 Hans-Georg Werner: Über die Schwierigkeiten, mit der „dramatischen Algebra" von Emilia Galotti zurechtzukommen. In: Hans-Georg Werner (Hg.): ebd., S. 110

4. Rezeptionsgeschichte

Zeugnis für die sich verändernde und veränderte Sicht wurden Herders *Briefe zu Beförderung der Humanität* (1794), in deren *Dritter Sammlung* er sich ausführlich mit *Emilia Galotti* beschäftigte. Herder hatte schon nach Lessings Tod würdigende Worte geschrieben und kritisiert, dass nun, nachdem die Unmittelbarkeit der Auseinandersetzung nicht mehr vorhanden sei, man sich zum Lobe Lessings vereinige. 1794 berichtete er, das Stück habe ihn „wieder einmal" ins Theater gelockt und er habe sich Gedanken über das Verhältnis von Ständischem, Charakteren und philosophisch Allgemeinem gemacht. Er hatte über Bürgerliches nachgedacht. Dabei bestätigte er dem Prinzen Würde und Anstand (es drehe sich alles um „seine Liebe, Treue und Affection"), gab alle Schuld an den Verbrechen dem „verächtlichen Werkzeug" Marinelli und stellte in diesem Zusammenhang die entscheidende Frage, wie lange Marinelli vom Hofe entfernt werde und „wie bald wird er, wenn sein Dienst abermals brauchbar ist, wiederkehren?" Die Überlegung, was nach Emilias Tod folgte, war kaum Spekulation, sondern öffnete den Blick für den vergeblichen Tod Emilias. Herder fabulierte: Bei der Vermählung des Prinzen mit der Fürstin von Massa „war Marinelli zugegen, vertrat als Kammerherr vielleicht gar des Prinzen Stelle, sie abzuholen. Appiani dagegen ist tot ..." Herder hatte mit der Ahnung von Marinellis Wiederkehr die gesellschaftliche Situation beschrieben, setzte aber immer noch die Hoffnung dagegen, dem Theater durch die Erziehung zum Protest einen gebührenden Platz bei der Bildung des Volkes einzuräumen.

Es entstand eine andere Lesart. Goethe montierte *Emilia Galotti* in das 5. Buch von *Wilhelm Meisters Lehrjahre*, das im Juni 1795 abgeschlossen wurde. Auffallend war schon, dass Wilhelm, die Titelgestalt des Romans und mit Zügen Goethes versehen, den Prinzen spielen sollte. Noch auffälliger war die Unterscheidung zwischen „edel" und „vornehm", die eine Rechtfertigung für den Prinzen wurde: „Der edle Mensch kann sich in Momenten vernachlässigen, der vornehme nie."[78] Am auffälligsten aber war, dass jeder Hinweis auf die erzieherische Wirkung des Stückes vermieden, dafür alles auf die individuellen Erfahrungen der Schauspieler, die „Entblößung ihres innersten Herzens"[79], zurückgeführt wurde.

Unmittelbare Wirkungen in der Literatur

Es gab auch unmittelbare Wirkungen in der Literatur. Heinrich Leopold Wagners *Kindermörderin* (1776), Goethes *Clavigo* (1774) und Schillers *Kabale und Liebe* (1784) seien stellvertretend für viele genannt. Schillers Lady Milford in *Kabale und Liebe* ist ohne die Gräfin Orsina nicht zu denken. Schiller, dem Lessings Stück schlicht „zuwider" war[80], konnte sich mit der *Emilia Galotti* nie anfreunden, er verwendete aber die dramaturgische Anlage mehrfach. Auch nicht begeistert nahmen die Romantiker das Stück auf. Ihnen war es zu rational und logisch gebaut. Zwar erkannten August Wilhelm und Friedrich Schlegel die Besonderheit der Stücke Lessings, doch gerade die Rationalität in der *Emilia Galotti* war ihnen „dramatische Algebra", diese aber lehnten sie ab[81], „man mag es frierend bewundern, und bewundernd frieren; denn ins Gemüt dringt nichts und kanns nicht dringen, weil es nicht aus dem Gemüt gekommen ist"[82].

---

78 Goethe: *Wilhelm Meisters Lehrjahre*. In: Poetische Werke (Berliner Ausgabe). Berlin: Aufbau 1962, Band 10, S. 369 (5. Buch, 16. Kapitel)

79 ebd., S. 370

80 Vgl. dazu und zur Wirkung auf die Klassiker: Hans Georg Werner. *Über die Schwierigkeiten, mit der „dramatischen Algebra" von Emilia Galotti zurechtzukommen*. In: Hans-Georg Werner (Hg.): ebd., S. 118

81 Friedrich Schlegel: *Kritische Schriften*. Hg. von Wolfdietrich Rasch. München 1964 (2. Auflage). S. 363 f.

82 ebd.

4. Rezeptionsgeschichte

Dass Lessing Dichterschaft abgesprochen wurde, durchzog die Wirkungsgeschichte des Stückes. Friedrich Hebbel fragte 1839, warum „dieses Gedicht trotz seines reichen Gehalts dennoch kein Gedicht ist" und kritisierte zu viel „Bewusstsein" in dem Stück. „Übrigens übersehe ich nicht, dass Emilia der herrlichste Charakter geworden wäre, wenn ihn ein wahrhafter Dichter geboren hätte."[83] Später schlugen sich die Beschäftigungen mit Lessings Stück in Hebbels *Maria Magdalene* nieder, er wollte und erreichte eine neue Qualität des bürgerlichen Trauerspiels, die ohne Lessings Vorbild nicht zu denken ist.[84]

Bewunderer hat Lessing fortwährend gefunden, und die Bewunderer waren auch zumeist seine Nachfolger, ob sie nun Heinrich Heine (*Atta Troll*:

> „*Gleich dem alten Odoardo/Der mit Bürgerstolz erdolchte/Die Emilia Galotti,/Würde auch der Atta Troll//Seine Tochter lieber töten,/Töten mit den eignen Tatzen,/Als erlauben, dass sie sänke/In die Arme eines Prinzen!///Doch in diesem Augenblicke/Ist er weich gestimmt, hat keine/Lust, zu brechen eine Rose,/Eh' der Sturmwind sie entblättert*"[85]),

Hermann Hettner oder Arno Holz hießen. Heine hatte in seiner *Romantischen Schule* auch erkannt, dass sich erst mit der Zeit herausgestellt habe, wie politisch bewegt das Stück war und was Lessing gemeint haben könnte. Hettner, für den Lessing eine große Umwälzung in der Geschichte der deutschen Tragödie ausgelöst hatte, konnte allerdings nichts mit Emilias

---

83 Friedrich Hebbel: *Sämtliche Werke*. Berlin 1903, Abt. 2, Band 1, S. 329
84 Vgl. dazu: Marlen Ginolas: *Hebbels Beschäftigung mit Lessings bürgerlichem Trauerspiel*. In: Günter Hartung (Hg.): Beiträge zur Lessing-Konferenz 1979. Halle 1979, S. 61 ff.
85 Heinrich Heine: *Atta Troll*. In: Werke. Hg. von Ernst Elster, Leipzig o. J., 2. Band. S. 412

4. Rezeptionsgeschichte

Tod anfangen und sah ihn als Folge „der Intrigentragödie", an der Lessing gescheitert sei.[86]

Nationalsozialismus

Immer wieder haben sich Dichter und Schriftsteller zu dem Stück geäußert. Während des Nationalsozialismus hatte es eine auffällige Rezeption: Während es 1933 an der Hälfte aller Gymnasien als Lektüre akzeptiert wurde, sank diese Akzeptanz 1939 auf unter zehn Prozent. Tötung der Tochter und Selbsttötung waren im Angesicht des Krieges, den man zu führen gedachte, keine akzeptablen Themen mehr. Die Frage nach der Tugend war längst zur Nebensächlichkeit geworden.

Es wirkt auch heute noch und findet sich regelmäßig auf den Spielplänen. Die Inszenierungen ordneten sich gleichmäßig dem geschichtlichen Ablauf zu. Nur hin und wieder scheint das Stück im Sog der großen Bekenntnisstücke mitgezogen worden sein, so um 1950 dem *Nathan* folgend, etwa in der Spielzeit 1951/52 am Staatsschauspiel Dresden (Regie: Martin Hellberg; Emilia: Helga Göring). Alle Untersuchungen ergeben, dass aber sechsmal mehr als *Emilia Galotti* Lessings *Nathan der Weise*, neunmal mehr *Minna von Barnhelm* gespielt werden. Für das Programmheft einer Inszenierung 1979 in Wien schrieb der Regisseur Adolf Dresen ein Sonett, in dem nochmals der Verlust benannt wird, den Lessing durch die Auslassung des Volksaufstandes mitgeschrieben hat:

„*Die hübsche Bürgerstochter, beinah hätt / der Prinz sie noch geschnappt vom Traualtar, / die Schüsse knallen, die Chose die ist klar, / der Bräutigam im Blut, die Braut im Bett – // Im guten Anzug, blass und zitternd stiert / der Vater, tief gebückt*

---

86 Hermann Hettner: *Geschichte der deutschen Literatur im achtzehnten Jahrhundert.* Berlin: Aufbau, Band I, S. 718

und tief geknickt, / bis jemand ihm was in die Hände drückt, / ein Messer, wie er mit Entsetzen spürt –// Den Fürsten killen, wie könnte er es kühl? / er krallt das Messer unterm Rock, verstört / holt er es raus, hält auf ein blasses Ziel –// er tappt im falschen Blut herum, es fiel sein / eignes Kind, er schreit, ob ihn wer hört? / Das ist das wahre deutsche Trauerspiel."[87]

---

87 Zitiert nach: *Theater heute*, 1979, H. 2, S. 16

5. Materialien

Unter den zeitgenössischen Urteilen fallen jene auf, die die Vielschichtigkeit des Textes spürten, nicht einseitig schwarz-weiß malten und auch den Beitrag zur ästhetischen Auseinandersetzung erkannten. Karl Lessing hatte mit Moses Mendelssohn über das Stück ein Gespräch und teilte dem Bruder die scharfsinnige Erklärung mit:

„Ich fragte ihn, wie ihm Deine Tragödie gefallen habe. ‚Im Ganzen vortrefflich', sagte er; ‚wir haben noch nichts so Vortreffliches: und vielleicht können Franzosen und Engländer nichts aufweisen, wo jedes Wort so bedächtlich, so ökonomisch angebracht ist, selbst die Ausführung der Charakter findet man selten so. Welch ein allerliebstes Mädchen ist nicht die Emilia!' – ‚Die Emilia?' unterbrach ich ihn, und Du kannst Dir leicht vorstellen, mit was für Augen. – Er fuhr fort: ‚Bei den Worten: Perlen bedeuten Tränen, habe ich vor Tränen selbst nicht fortlesen können. Das ganze Stück hat mich so ergriffen, dass ich die Nacht nicht werde davor schlafen können.'... Der Prinz; der scheint ihm im Anfange tätiger und tugendhaft, und am Ende ein untätiger Wollüstling. Und hiermit bin ich nicht zufrieden. Nicht darum, weil er mich widerlegt hatte, sondern weil ich Gründe habe, dass der Prinz so sein muss. Er nimmt sich der Regierung an, er ist ein Liebhaber von Wissenschaften und Künsten, und wo seine Leidenschaften nicht ins Spiel kommen, da ist er auch gerecht und billig; er ist überdies fein, und hat allen Schein eines würdigen Fürsten: aber das sind noch nicht die rechten Beweise, dass er es wirklich ist. Folglich hast Du uns an seiner moralischen Güte noch immer zweifelhaft gelassen, und nur gezeigt, wie heut zu Tage Prinzen von guter Erziehung, welche die Natur nicht ganz unbegabt gelassen, sein können."[88]

---

88 Brief Karl Lessings vom 12. März 1772 an Lessing. In: Werke, 1957, 9. Band, S. 519

Goethe hatte mit dem Stück Schwierigkeiten und gab zahlreiche sehr unterschiedliche Urteile darüber ab. Er hielt das Stück am Ende seines Lebens für eine poetische „Mumie"[89], wobei eine Menge Ungerechtigkeit in diesem Urteil mitschwang, weil die theoretischen und künstlerischen Anstrengungen Lessings als nachdrücklichster Ausdruck deutscher Aufklärung folgenlos und überholt erschienen. Sie hatten allerdings ebenso wenig in der Politik Wirkung hinterlassen wie sie das Volk erreichten. Nur aus dieser Sicht kann von Folgenlosigkeit gesprochen werden. Goethe schrieb an Zelter:

„Zu seiner Zeit stieg dieses Stück, wie die Insel Delos, aus der Gottsched-Gellert-Weissischen pp. Wasserflut, um eine kreißende Göttin barmherzig aufzunehmen. Wir jungen Leute ermutigten uns daran und wurden deshalb Lessing viel schuldig.
Auf dem jetzigen Grade der Kultur kann es nicht mehr wirksam sein. Untersuchen wir's genau, so haben wir davor den Respekt wie vor einer Mumie, die uns von alter hoher Würde des Aufbewahrten ein Zeugnis gibt."[90]

Der Literaturwissenschaftler Hermann Hettner, der die Geschichte der Literatur des 18. Jahrhunderts schrieb, stellte das Trauerspiel in eine direkte Linie mit Shakespeare und rühmte das Stück außerordentlich, weil es eine unverwüstliche Anziehungskraft habe, hatte doch seine großen Probleme mit dem Konflikt:

„So wenig ist der Tod Emilias eine innere, unter allen Umständen unabwendbare Notwendigkeit, dass der Dichter, um diese Kata-

---
89 Goethe an Karl Friedrich Zelter, 27. März 1830
90 ebd.

strophe zu gewinnen, nicht ohne die allerärgerlichsten Gewaltsamkeiten auskommen konnte. Oder ist es nicht gewaltsam und den reinen dichterischen Eindruck störend, wenn zuletzt ein durchaus unmotivierter und eben darum nur um so hässlicherer und die Teilnahme schwächender Makel auf Emilia und die Reinheit ihrer jungfräulichen Empfindung fällt? Emilia, von den Anfechtungen, welche sie erleidet, ergriffen, zittert vor sich selbst. ... Und das alles in dem Augenblick, da Appiani ermordet worden und ihre Seele für keinen anderen Gedanken und für keine andere Leidenschaft Raum haben sollte, als für den tiefsten Abscheu gegen den Prinzen!"[91]

Eine andere Unzulänglichkeit war der Wirkung förderlich. Im Umkreis des historischen Stoffes der antiken Virginia war es selbstverständlich, dass private und öffentliche Vorgänge einander bedingten und gemeinsam ausgestellt wurden. Das galt nicht für die Aufklärung des 18. Jahrhunderts; hier traten private Schicksale an die Stelle der öffentlichen Verhältnisse, was sie auf Dauer unverbindlich werden ließ. In dieser Betonung des Privaten lag aber Zeitloses und damit aktuell Gültiges. Es ermöglichte Lessing bereits, die Handlung an seine Gegenwart heranzurücken, ohne dieser Gegenwart auch den Volksaufstand vorzuführen, der sich immerhin siebzehn Jahre später in Frankreich ereignete. Weil aber diese Konsequenz ausbleibt, entspricht das Stück letztlich doch allen Verfassungen und Grundgesetzen. Dass zu irgendeiner Zeit von *Emilia Galotti* eine stimulierende Wirkung ausgegangen wäre wie von Schillers *Wilhelm Tell*, Beethovens *Fidelio* usw., ist nicht bekannt geworden. Dennoch ist dem Stück stets ein revolutionärer Gehalt nachgesagt worden, wie es der Dramatiker und Drama-

---

[91] Hettner, 1. Band, S. 718

turg Armin Stolper (*1934; u. a. tätig am Deutschen Theater Berlin, *Lausitzer Trilogie*, 1980), der sich nicht unberechtigt in Lessings Nachfolge sieht, 1979 beschrieb:

> *„Welcher Mut, welche Kraft, welche Intelligenz und welche Lauterkeit sind an dem Manne zu bewundern, der eine Emilia Galotti schrieb! Selber in Diensten eines Duodezfürsten stehend, verfasst er ein Stück, das die Verbrechen eines solchen ziemlich unverschlüsselt anklagt, aber auch die lebensabtötende, selbstgerechte Bürgermoral – Lessing wohnt zu dieser Zeit im Krähwinkel Wolfenbüttel – der Kritik aussetzt."*[92]

Eine heutige Schwierigkeit im Umgang mit Lessings Emilia Galotti ist noch zu erwähnen: Die Tötung Emilias durch den Vater auf ihr Drängen hin ist unwahrscheinlich geworden. Die Zuschauer der Gegenwart kennen andere Verhältnisse; eine verlorene Jungfernschaft schafft keine tragischen Konflikte mehr. Damit aber wird *Emilia Galotti*, obwohl das Trauerspiel stets wieder zum Lesegenuss wird, immer schwieriger spielbar. Fritz Kortner inszenierte 1970 in Wien wirkungsvoll Odoardo als Tyrannen, nicht den Prinzen, und zwar mit seiner „störrischen Pedanterie" und seiner „patriarchalischen Herrschsucht"[93]:

> *„Wenn ein geschändetes Bürgermädchen Selbstmord begehen oder sich töten lassen muss, so liegt die Schuld nicht bei dem, der es ‚geschändet' hat, sondern bei denen, die es für ‚geschändet' halten."*[94]

---

92 Armin Stolper: *Lessing, thesenartig*. Manuskript, S. 19
93 Vgl. Rezension von Ivan Nagel. In: *Theater heute*, 1970, H. 6, S. 35
94 ebd., S. 33

5. Materialien

Zu einer Inszenierung des Trauerspiels (Regie: Michael Jurgons) im Deutschen Theater (Berlin) schrieb ein Kritiker:

„Das Deutsche Theater hat in zeitbewusster Spielplandisposition gleich für eine mehrfache Begegnung mit Lessings aufklärerischer Vernunft gesorgt. Zum Lessing-Diskurs der Bühne gehören weiter ‚Emilia Galotti', der kaum noch gespielte ‚Philotas' und eine Matinee. Problematisch scheint mir die Zuordnung der ‚Emilia'. Was in diesem Stück vorgeht, ist die heutiger Einsicht zuwiderlaufende Entscheidung, die Bewahrung jungfräulicher Tugend höher anzusetzen als das Leben – heute objektiv nur noch komisch."[95]

Eine Lesart, wie Emilias Entscheidung noch heute verständlich wird, bot eine Fernsehinszenierung 1981 (Regie: Klaus Dieter Kirst), die für die Rolle Emilias vorsah:

„Erzogen im Sinne der besten und fortschrittlichsten Ideale des Bürgertums der Lessing-Zeit, vor allem im Sinne von Tugend und Selbstdisziplin, entdeckt Emilia durch die Begegnung mit dem regierenden Fürsten und dessen Werbungen um sie, sich selbst in ihrer ganzen menschlichen Totalität. Sie gerät in einen unlösbaren Konflikt zwischen ihrem sinnlichen Anspruch, den sie als Teil ihrer Menschlichkeit begreift, und dem vom Vater übernommenen Tugendideal, das sich in seiner Konsequenz so inhuman erweist, als es notwendig und fortschrittlich ist."[96]

---

[95] Gerhard Ebert: *Entschiedenes Bekenntnis zur Kraft der menschlichen Vernunft.* In: Neues Deutschland, Berlin, vom 12. Oktober 1987
[96] FF-Dabei (Berlin) 1981, Nr. 8

Literatur

Es werden Titel genannt, die problemlos erreichbar sind oder die wichtige Erklärungen bieten. Andere weiterführende Titel finden sich in den Anmerkungen.

1) Ausgaben von Lessings *Emilia Galotti*:

Lessing, Gotthold Ephraim. *Emilia Galotti. Ein Trauerspiel.* Hg. von Gerd Eversberg. Hollfeld: C. Bange (Königs Lektüren Bd. 3004), ²2000
(nach dieser Ausgabe wird zitiert)
Lessing, Gotthold Ephraim. *Emilia Galotti. Ein Trauerspiel in fünf Aufzügen.* Anmerkungen von Jan-Dirk Müller. Stuttgart 1970 (Um Anmerkungen ergänzte Ausgabe 1994), Reclam Universal Bibliothek Nr. 45
Lessing, Gotthold Ephraim. *Emilia Galotti. Ein Trauerspiel in fünf Aufzügen.* In: Werke. Hrsg. von Julius Petersen und Waldemar von Olshausen. Zweiter Teil. Berlin/Leipzig/Wien/Stuttgart 1925
Lessing, Gotthold Ephraim. *Emilia Galotti. Ein Trauerspiel in fünf Aufzügen.* In: Werke in fünf Bänden. Bibliothek deutscher Klassiker (BDK). Eingeleitet von Thomas Höhle. Berlin und Weimar: Aufbau, 1964, Erster Band
Lessing, Gotthold Ephraim. *Emilia Galotti.* Reclam Klassiker auf CD-ROM, Nr. 25 s. a.: www.software-maus.de/shop/Reclam_Klassiker
Lessing, Gotthold Ephraim. *Gesammelte Werke* in zehn Bänden. Hg. von Paul Rilla. Berlin: Aufbau, 1957

2) Lernhilfen und Kommentare für Schüler

Bauer, Gerhard. *G. E. Lessing: Emilia Galotti.* München: Wilhelm Fink, 1987 (UTB 1433)

Bernhardt, Rüdiger. *Gotthold Ephraim Lessing. Emilia Galotti.* Hollfeld: C. Bange (Königs Erläuterungen und Materialien, Band 16), 1999
(ausführlichere und umfangreichere Fassung der vorliegenden Darstellung)

Fischer, Walter. *Gotthold Ephraim Lessing. Emilia Galotti.* Frankfurt a. M.: Diesterweg, 1987 (Grundlagen und Gedanken zum Verständnis des Dramas)

Gysi, Klaus (Ltr.). *Gotthold Ephraim Lessing.* In: Aufklärung. Erläuterungen zur deutschen Literatur. Berlin: Volk und Wissen, 1963

Kröger, Wolfgang. *Gotthold Ephraim Lessing.* Literaturwissen für Schule und Studium. Stuttgart: Reclam, 1995 (Universal Bibliothek Nr. 15206)

Müller, Jan-Dirk. *Gotthold Ephraim Lessing: Emilia Galotti.* Erläuterungen und Dokumente. Stuttgart: Reclam, 1971, 1995 (bibliografisch ergänzt 1993)

Scheller, Ingo *G. E. Lessings Emilia Galotti.* In: Praxis Deutsch 23 (1996), Heft 136, S. 67–74

3) Sekundärliteratur:

Anz, Heinrich. *Sokratik und Geschichte in Lessings Werk.* In: Text & Kontext 9.2. Themaheft: Aufklärung und Sinnlichkeit in der zweiten Hälfte des 18. Jahrhunderts. Kopenhagen – München 1981

Barner, Winfried. Gunter Grimm u. a. *Lessing. Epoche – Werk*

– *Wirkung*. Arbeitsbücher für den literaturgeschichtlichen Unterricht. München: C. H. Beck, 1975

Braun, Julius. W. *Lessing im Urteile seiner Zeitgenossen*. Drei Bände. Berlin 1884–1897. (Reprint Hildesheim 1969)

Drews, Wolfgang. *Gotthold Ephraim Lessing* mit Selbstzeugnissen und Bilddokumenten. Reinbek bei Hamburg: Rowohlt, 1994

Durzak, Manfred. *Das Gesellschaftsbild in Lessings Emilia Galotti*. In: Poesie und Ratio. Bad Homburg v. d. H. 1970

Doretzky, Edward. (Hg.) *Lessing*. Dokumente zur Wirkungsgeschichte 1755–1968. Göppingen 1971

Doretzky. Edward (Hg.). *Lessing heute*. Beiträge zur Wirkungsgeschichte. Stuttgart: Akademischer Verlag, 1981

Hettner, Hermann. *Geschichte der deutschen Literatur im achtzehnten Jahrhundert*. 2 Bände. Berlin: Aufbau-Verlag, 1961

Mehring, Franz. *Die Lessing-Legende* und Aufsätze über Lessing. In: Gesammelte Schriften. Hg. von Thomas Höhle u. a., Berlin: Dietz, 1963, Band 9

Oehlke, Waldemar. *Lessing und seine Zeit*. München: C. H. Beck, 1919. Zwei Bände

Rilla, Paul. *Lessing und sein Zeitalter*. Berlin und Weimar: Aufbau, 1981

Schmidt, Erich. *Lessing*. Geschichte seines Lebens und seiner Schriften. Berlin 1923

Steinmetz, Horst (Hg.). *Lessing – ein unpoetischer Dichter*. Dokumente aus drei Jahrhunderten zur Wirkungsgeschichte in Deutschland. Frankfurt a. M. – Bonn 1969

Weber, Peter. *Lessings Emilia Galotti*. In: Weimarer Beträge. Berlin und Weimar 1981, Heft 9, S. 57 ff.

Werner, Hans-Georg (Hg.) *Bausteine zu einer Wirkungsgeschichte. Gotthold Ephraim Lessing*. Berlin und Weimar: Aufbau, 1984

4) Verfilmungen

Emilia Galotti. DDR (Kinofilm) 1957.
Regie: Martin Hellberg.

Emilia Galotti. BRD (Verfilmung für das Fernsehen) 1960.
Regie: Ernst Ginsberg.

Emilia Galotti. BRD (Verfilmung für das Fernsehen) 1970.
Regie: Ludwig Cremer.

Emilia Galotti. DDR (Verfilmung für das Fernsehen) 1981.
Regie: Klaus Dieter Kirst.

Emilia Galotti. DDR (Verfilmung für das Fernsehen) 1984.
Regie: Thomas Langhoff.